KB237090

교회사회복지 신학

요한 웨슬레의

요한 웨슬레의

교회사회복지 신학

구 금 섭 지음

서 문

　지금 우리나라는 고유가, 대량실업, 경제 불황, 북한 핵문제의 난제 등 대내외적으로 심각한 위기상황에 직면해 있다. 이러한 국가적 현안 외에 이혼율의 급증, 가정파괴, 카드 빚으로 인한 자살이나 각종 범죄가 빈발하며, 방치되는 치매노인과 노숙자들이 갈수록 증가하고 있다.

　정부가 사회 심리적으로 고통받는 시민들을 껴안고 사회복지를 전담해야 하지만, 안타깝게도 사회복지예산은 제자리걸음이고, 사회안전망의 주된 역할이 정부에서 민간으로 이양되는 형태를 띠고 있다. 정부의 사회복지 자원이 더욱 어려워진 현실에서 민간의 사회복지 역할은 더욱 중요시될 수밖에 없으며, 특히 교회의 사회복지적 기능이 그 어느 때보다 필요한 시점에 와 있다.

　교회는 다른 사회복지기관이 갖고 있지 못한 풍부한 인적자원과 시설자원, 이웃사랑 실천의 사명감을 가지고 있다. 이러한 자원을 활용하여 복지의 사각지대에 있는 지역사회의 수혜대상자들을 위해 사회봉사관을 설립하여 운영하기도 하고, 물질적으로 후원하거나 요보호가정을 방문하여 섬길 수 있다.

　그러나 전문사회복지 지식과 기술을 배제한 무분별한 봉사는 자칫 수혜자의 입장을 고려하지 않은 채 이루어져 앙금이 생길 수 있고, 근로의지를 약화시킬 수 있다. 또한 지역사회 기관과의 서비스 중복으로 인해 교회 자원을 낭비할 수 있고, 지역선교에 부정적인 영향을 끼칠 수 있다. 따라서 과거의 자선과 구제에서 탈피하여 전문적, 체계적인 교회사회사업을 지향할 때이다.

목회는 특성상 전문분야로서 또 하나의 전문분야인 사회복지를 발달시키는 토대를 마련해 주었다. 유럽과 미국의 사회복지기관의 뿌리를 찾아보면 종교단체로 거슬러 올라간다. 우리나라의 경우도 19세기 말 개신교 및 카톨릭 선교사들에 의하여 근대 사회복지이론과 실천모형이 의료, 교육, 복지, 농촌 분야에 소개되었고 실질적인 복지시설이 설립되기 시작하였다. 이와 같은 교회의 사회봉사적 기능에 대하여 라인홀드 니버(Reinhold Niebuhr, 1945)는 "교회는 사회복지를 낳고 키운 어머니"라고 하였다.

그러나 우리나라에서는 교회의 사회봉사에 대한 명확한 개념이 정립이 되어 있지 않다. 그 결과 명칭조차 통일되지 못한 채 다양하게 사용되어 기독교사회복지 학문의 발전에 저해요인으로 작용하고 있다.

기독교사회복지(christian social welfare)는 교회조직의 후원하에 행해지는 직, 간접의 사회복지 서비스라고 이해할 수 있는데, 교회사회복지의 본질을 다음 세 가지로 요약할 수 있다. 첫째, 교회사회복지의 동기는 성경에서 출발한다. 둘째, 교회사회복지는 교회가 기독교 사회봉사를 전달하는 장(setting)이 되고, 동시에 사회복지의 주체가 된다. 셋째, 교회사회복지는 일반사회복지 프로그램을 기독교적 관점(christian perspective)에 활용한다는 것이다. 이는 교회가 사회복지사(전문)를 고용하고 교회의 자원(민음)을 동원하여 교회와 지역사회를 위해 사회복지적 서비스를 기독교적 관점에서 실천하는 전문사회사업의 한 분야임이 분명하다. 교회사회사업에 있어서 지역사회는 목표가 되기도 하고 현장이 되기도 하며, 과제이면서 동시에 파트너이기도 하다. 그러므로 교회는 지역사회의 통합(integration)과 이익을 위하여 지역사회의 문제와 욕구에 민감하게 반응하고 적절하게 대처하여 지역사회를 보호하고 개발하며 성장시키는 가장 중요한 역할을 해야 하는 기관이다.

교회에서 이루어지는 모든 기능과 활동은 성경에 근거하며, 신학을 통해 체계화된다. 교회의 본질적 기능(kerygma, koinonia, diakonia)의 하나인 diakonia에 근거한 교회사회복지적 기능과 활동도 교회의 신학에 따라서 목적과 내용, 방법이 다양하게 나타난다. 보다 더 근본적인 질문은 교회가 사회복지를 위한 봉사를 해야 할 것인가 말 것인가라는 신학적 문제제기이다. 그것을 복음의 핵심으로 여길 것인가, 차선으로 간주할 것인가를 세계교회와 함께 한국교회도 계속해 온 논쟁 중의 하나이다. 현대교회의 사회봉사의 범위는 개인의 구제, 개인에 대한 사회복지서비스(personal social service)에서부터 사회의 개혁(social reform)을 위한 사회행동(social action)에 이르기까지 다양한 방법과 정도가 있는데, 이는 교회가 사회봉사를 어떤 차원에서 수용하고 실시하느냐 하는, 교회의 신학과 관련이 있다.

교회에서 실시되는 모든 사회활동은 어떤 이념적 공백상태에서 이루어지는 사역이 없다. 교회는 성경의 가르침과 교단의 신학노선이 반드시 있기 마련이고, 이에 따라서 교회가 실시하는 모든 프로그램은 절대적인 영향을 받게 된다. 특히 교회의 막대한 재정과 인력이 동원되며, 기독교인들이 교회 내에서 믿고, 예배하고, 교회활동을 하던 내용들이 교회 밖의 주민들에게 구체적으로 사회복지 프로그램과 같은 가시적인 내용으로 소개하려고 할 때는 교회의 신학은 절대적인 영향을 미치게 된다.

최근까지만 해도 우리나라 교회의 신학노선은 보수, 중도, 자유주의의 범주로 구분되어 사회문제에 대하는 태도에 개인구원, 사회구원 등 뚜렷한 차이를 보이게 되었다. 이런 극심한 신학노선의 차이점들은 교회의 사회문제에 대한 대처방안에서 통일된 견해와 단결된 공동의 행동을 보여주지 못하였다.

사실 교회의 사회복지활동은 어떤 면에서 매우 활발히 전개되어 왔음에도 불구하고, 사회가 복음적 사회봉사의 모습을 볼 수 있도록 기독교 공동체의 모습을 보여주지 못했다. 오히려 교회가 사회문제에 대하여 무관심했다는 비난과 오해를 불러일으키기까지 하였다.

일반적으로 극단적인 보수신학에서는 사회봉사를 세속사회가 감당할 일로 생각하면서, 교회는 복음만을 전파하여 개인구원사업만 노력하는 경향이 있다. 보수신학 노선에서는 이웃사랑의 실천을 강조하면서 주로 개인이나 가족단위를 봉사활동의 상대로 삼고 자선적 성격의 봉사활동을 전개하는 미시적 차원이 있다. 중도 온건파의 신학노선은 정통성을 주장하면서 지역사회를 중심으로 사회문제를 제도적 차원에서 보려고 한다. 자유주의 내지 급진주의 신학노선의 교회에서는 사회학적 차원에서 현 사회의 체제적(제도적) 구조악을 공격하면서 주로 사회정책에 대한 개조를 부르짖는 사회 행동적 차원에서 사회복지에 임하고 있다. 극단적인 급진주의 신학노선의 경우 이들의 신학이나 사회행동에 대해 기성교회에서는 수용할 수 없는 성격을 갖기 때문에 교회 밖에서 반체제운동, 인권운동, 반핵 운동 등을 전개하면서 거시적 차원의 사회봉사운동을 전개하고 있다. 이러한 신학노선과 교회봉사 형태의 연관성을 이해한다는 것은 지역사회 내에서 여러 기독교 공동체들이 사회복지활동을 위한 공동의 프로그램을 개발할 때 도움이 되는 필수적인 정보이다. 상대방의 신학노선이나 사회봉사의 형태를 비난하기보다 지역사회 내에서 하나님나라가 이루어질 수 있도록 함께 모이는 데 크게 도움이 되는 지식이라고 본다.

사회복지(social welfare)란 모든 국민들의 인간다운 생활을 보장하기 위하여 사회복지 생활의 곤란과 문제를 개인적, 집단적, 지역사회 수준에서 예방하고 보호하며, 치료, 회복하기 위한 민간적, 공적 개입의 프로그램, 서비스제도 등의 총체적인 체계라고 정의한다.

이러한 체계를 전문적인 방법으로 실천하는 총체적인 행위가 전문 사회사업(professional social work)이라고 할 때 결국 사회복지는 인간성 회복 운동이라는 개념으로 이해 할 수 있다. 이러한 사회복지 개념은 인간의 존엄성, 사회적 책임, 기회균등 그리고 자기 결정권이라는 사회복지 철학에 근거하는데, 사회복지의 근본 사상들은 기독교적으로 공감대가 클 뿐 아니라 서구 사회의 전통으로 볼 때 기독교에서 유래했다고 말할 수 있다.

종교개혁자들의 교회사회복지적 견해를 들어보자. 마틴 루터(Martin Luther)는 "우리에게 가장 우선적인 문제 중의 하나는 걸인사회를 없애는 것이라고 주장하면서 교회는 병자나 임산부, 미망인, 고아 등에 지속적인 관심을 가지고 구제사업을 지원해야 하지만 사회복지시설 관리는 국가가 맡아서 해야 한다고 주장하였다.

칼빈(John Calvin)은 빈민구제를 사도적 의무라고 주장하며, 교회는 구제사업을 전도사업의 한 부분으로 시행되어야 한다고 마틴 루터보다 한 걸음 더 발전된 견해를 피력하였다.

그러나 웨슬레(John Wesley)는 보다 적극적으로 복음사역과 빈민구제를 병행하면서 교회사회복지사업에 많은 관심을 두었다. 그는 런던에서 무료병원 진료소를 개설하고 빈민들에게 소액자본을 대부하기 위한 자금융통을 실시하여 큰 성과를 거두었고, 영국 식민지에서 행해지고 있던 노예제도를 반대하며 노예 폐지를 주장하였다.

웨슬레는 여성 해방, 광부 해방, 산업 노동자 해방, 농부 해방, 노예 해방을 전개하는 사회적 성화운동을 전개하면서도 그들의 영혼에 목마름을 해갈해 주고, 한 맺힌 심리를 치유하고 위로해 주는 운동을 쉬지 않았다. 곧 십자가와 성령의 능력을 통한 내면적 성화를 추구하는 동시에 사회적 구원을 실천하였다. 지금까지 우리는 웨슬레의 부흥운동만을 강조하여 왔고 웨슬레가 영국사회를 영적으로 부흥시킨 부흥사로만 이해하여 왔으나, 웨슬레의 신앙운동은 내면적 영적 성화(personal sanctification)를 통한 부흥운동으로만 끝나지 않고 그것이 18세기 영국사회를 변혁시키는 사회적 성화(social sanctification)운동, 그 중에서도 사회적 성화운동은 사회봉사(social service)차원과 사회적 구조변혁(social transformation)의 차원으로 사회복지 운동(social welfare movement)을 발전시켰다.

웨슬레는 루터 이후 개신교 구원론적 성화신학을 가장 성숙한 차원에서 완성시킨 신학자이다. 루터에게서 시작된 개신교 사상의 핵심인 신앙의인화(justification by faith)가 신앙제일주의(sola fideism)에만 머무르지 않고, 사랑의 에너지로 채워지는 믿음, 사랑으로 역사 하는 믿음, 혹은 사랑으로 온전케 되는 믿음을 강조하면서 완전한 성화(entire sanctification)의 신학으로 발전되고 성숙해야 함을 밝힌, 개신교 마지막 종교개혁자이자 최대의 신학자이다.

웨슬레는 단순히 내면적 개인적 성화만을 강조한 부흥사가 아니라, 외향적 사회성화운동까지 전개한 사회변혁가이다. 그러나 그의 사회변혁을 위한 성화운동은 철저히 개인구원에 기초한 운동이었다. 이러한 개인구원과 사회변혁의 신학적 기초는 성화사상에 뿌리를 두고 있다. 그의 성화사상은 복음적 신인협동설(evangelical synergism), 은총의 낙관주의(optimism of grace), 행동주의(activism)로 설명되기에 적극적 사회참여와 성육신적 선행(good works)운동으로 나타나는 것이다.

따라서 웨슬레의 성화신학은 개인구원에 관심을 갖는 한국 개신교 주류의 보수 진영과 사회 구원에 관심을 갖는 진보 진영 사이에서 에큐메니컬적 대화를 여는 교량 역할을 할 수 있을 것이다.

본서는 사회복지 활동의 신학적인 근거를, 성서적 복음주의 전도자이며 사회운동가인 요한 웨슬레의 사회복지사상을 고찰하여 교회사회복지활동(churchs social welfare action)의 기조를 정립하는 데 목적이 있다. 죠지 크레프트 셀(George Craft Cell)이 말한 대로 "웨슬레는 종교개혁 이후 가장 혁신적이며 체험적인 신학노선에서 기독교인의 생활문제를 강조한 혁신자"라고 한 것을 주지하면서 웨슬레 당시의 정치, 경제, 사회, 철학적 상황들 안에서 웨슬레의 사회복지 이념의 근거를 찾아 그것이 웨슬레에게 있어서 어떻게 실천되었으며, 사회변혁에 파급을 일으켰는지 고찰하였다.

교회는 역사적으로 사회복지와 함께 살아왔지만 오늘의 교회는 사회복지와 별거하고 있다. 오히려 사회단체들이 적극적으로 사회복지를 절감하고 있다. 이제 21세기를 위해 부름받은 교회들은 개인구원에만 맹주하던 깊은 잠에서 깨어나 구원의 외향적 증거인 사회적 책임을 향해 걸음을 재촉할 때이다.

2007년 2월

하루의 첫 태양이 머무는 집에서

구 금 섭

목 차

제3부 사회복지사업과 Spirituality의 상관성

제1부

요한 웨슬레(John Wesley)의
사회복지사상에 관한 연구

Ⅰ. 서 론

1. 문제제기와 연구목적

교회에서 이루어지는 모든 기능과 활동은 성경에 근거하며, 신학을 통해 체계화된다. 교회의 본질적 기능(kerygma, koinonia, diakonia) 중에 하나인 diakonia에 근거한 교회 사회복지적 기능과 활동도 교회의 신학에 따라서 목적과 내용, 방법이 다양하게 나타난다. 보다 더 근본적인 질문은 교회가 사회복지를 위한 봉사를 해야 할 것인가, 말 것인가라는 신학적 문제제기이며, 그것을 복음의 핵심으로 여길 것인가 또는 차선으로 간주할 것인가에 따른 다양하고 복잡한 논쟁이 제기될 수 있고, 세계교회와 함께 한국교회도 계속해 온 논쟁 중에 하나이다. 현대교회의 사회봉사의 범위는 개인의 구제, 개인에 대한 사회복지서비스(personal social service)에서부터 사회의 개혁(social reform)을 위한 사회행동(social action)에 이르기까지 다양한 방법과 정도가 있는데, 이는 교회가 사회봉사를 어떤 차원에서 수용하고 실시하느냐 하는, 교회의 신학과 관련이 있다.

교회에서 실시되는 모든 사회활동은 어떤 이념적 공백상태에서 이루어지는 사역이 없다. 교회는 성경의 가르침과 교단의 신학노선이 반드시 있기 마련이고, 이에 따라서 교회가 실시하는 모든 프로그램은 절대적인 영향을 받게 된다. 특히 교회의 막대한 재정과 인력이 동원되며, 기독교인들이 교회 내에서 믿고, 예배하고, 교회활동을 하던 내용들이 교회 밖의 주민들에게 구체적으로 사회복지 프로그램과 같은 가시적인 내용으로 소개하려고 할 때는 교회의 신학은 절대적인 영향을 미치게 된다.

최근까지만 해도 우리나라 교회의 신학노선은 극보수, 보수, 온건, 중도, 자유, 극자유(진보)주의의 범주로 구분되어 사회문제에 대하는 태도에 개인구원, 사회구원 등 뚜렷한 차이를 보이게 되었다. 이런 극심한 신학노선의 차이점들은 교회의 사회문제에 대한 대처방안에서 통일된 견해와 단결된 공동의 행동을 보여주지 못하였다(박종삼, 1990:262).

사실 교회의 사회복지활동은 어떤 면에서 매우 활발히 전개되어 왔음에도 불구하고, 사회가 복음적 사회봉사의 모습을 볼 수 있도록 기독교공동체의 모습을 보여주지 못했다. 오히려 교회가 사회문제에 대하여 무관심했다는 비난과 오해를 불러일으키기까지 하였다.

일반적으로 극단적인 보수신학에서는 사회봉사를 세속사회가 감당할 일로 생각하면서, 교회는 복음만을 전파하여 개인구원사업만 노력하는 경향이 있다. 보수신학 노선에서는 이웃사랑의 실천을 강조하면서 주로 개인이나 가족단위를 봉사활동의 상대로 삼고 자선적 성격의 봉사활동을 전개하는 미시적 차원이 있다. 중도 온건파의 신학노선은 정통성을 주장하면서 지역사회를 중심으로 사회문제를 제도적 차원에서 보려고 한다. 자유주의 내지 급진주의 신학노선의 교회에서는 사회학적 차원에서 현 사회의 체제적(제도적) 구조 악을 공격하면서 주로 사회정책에 대한 개조를 부르짖는 사회 행동적 차원에서 사회복지에 임하고 있다. 극단적인 급진주의 신학노선의 경우 이들의 신학이나 사회행동을 기성교회에서는 수용할 수 없는 성격을 갖기 때문에 교회 밖에서 반체제운동, 인권운동, 반핵 운동 등을 전개하면서 거시적 차원의 사회봉사운동을 전개하고 있다. 이러한 신학노선과 교회봉사 형태의 연관성을 이해한다는 것은 지역사회 내에서 여러 기독교 공동체들이 사회복지활동을 위한 공동의 프로그램을 개발할 때 도움이 되는 필수적인 정보이다. 상대방의 신학노선이나 사회봉사의 형태를 비난하기보다는 각양각색의 받은 은사를 활용하여 지역사회 내에서 하나님나라가 이루어질 수 있도록 함께 모이는 데 크게 도움이 되는 지식이라고 본다.

일반적으로 기독교(교회, 기독교인)가 주체가 되어 실행하는 복지 활동을 '기독교사회복지'(christian social welfare)라고 말한다. 기독교 사회복지는 이웃사랑과 봉사를 통해 사회적으로 열악한 처지에서 물질적, 정신적으로 고통받는 사람들의 삶을 영적, 질적으로 개선함으로 성경적 정의를 실천하려는 기독교인들의 제도적 노력이자 가치체계를 말한다.

그리고 사회복지(social welfare)란 모든 국민들의 인간다운 생활을 보장하기 위하여 사회복지 생활의 곤란과 문제를 개인적, 집단적, 지역사회 수준에서 예방하고 보호하며, 치료·회복하기 위한 민간적, 공적 개입의 프로그램, 서비스제도 등의 총체적인 체계라고 정의한다(김만두, 1982:19).

이러한 체계를 전문적인 방법으로 실천하는 총체적인 행위가 전문 사회사업(professional social work)이라고 할 때 결국 사회복지는 인간성 회복운동이라는 개념으로 이해 할 수 있다. 이러한 사회복지 개념은 인간의 존엄성, 사회적 책임, 기회균등 그리고 자기 결정권이라는 사회복지 철학에 근거한다고 하는데, 사회복지의 근본 사상들은 기독교적으로 공감대가 클 뿐 아니라 서구 사회의 전통으로 볼 때 기독교에서 유래했다고 말할 수 있다.

종교개혁자 마틴 루터(Martin Luther)는 "우리에게 가장 우선적인 문제 중의 하나는 걸인사회를 없애는 것이라고 주장하면서 교회는 병자나 임산부, 미망인, 고아 등에 지속적인 관심을 가지고 구제사업을 지원해야 하지만 사회복지시설 관리는 국가가 맡아서 해야 한다고 주장하였다.

칼빈(John Calvin)은 빈민구제를 사도적 의무라고 주장하며, 교회는 구제사업을 전도사업의 한 부분으로 시행되어야 한다고 마틴 루터보다 한 걸음 더 발전된 견해를 피력하였다.

그러나 웨슬레(John Wesley)는 보다 적극적으로 복음사역과 빈민구제를 병행하면서 사회복지사업에 많은 관심을 두었다. 그는 런던에서 무료병원 진료소를 개설하고 빈민들에게 소액자본을 대부하기 위한 자금융통을 실시하여 큰 성공을 거두었고, 영국 식민지에서 행해지고 있던 노예제도를 반대하며 노예 폐지를 주장하였다(한국사회복지연구소, 2001:291).

웨슬레는 여성해방, 광부 해방, 산업 노동자 해방, 농부 해방, 노예 해방을 전개하는 사회적 성화운동을 전개하면서도 그들의 영혼에 목마름을 해갈해 주고, 한 맺힌 심리를 치유하고 위로해 주는 운동을 쉬지 않았다. 곧 십자가와 성령의 능력을 통한 내면적 성화를 추구하는 동시에 사회적 구원을 실천하였다. 지금까지 우리는 웨슬레의 부흥운동만을 강조하여 왔고 웨슬레가 영국사회를 영적으로 부흥시킨 부흥사로만 이해하여 왔으나, 웨슬레의 신앙운동은 내면적 영적 성화(personal sanctification)를 통한 부흥운동으로만 끝나지 않고 그것이 18세기 영국사회를 변혁시키는 사회적 성화(social sanctification)운동, 그중에서도 사회적 성화운동은 사회봉사(social service)차원과 사회적 구조변혁(social transformation)의 차원으로 사회복지 운동(social welfare movement)을 발전시켰다.

웨슬레는 루터 이후 개신교 구원론적 성화신학을 가장 성숙한 차원에서 완성시킨 신학자이다. 루터에게서 시작된 개신교 사상의 핵심인 신앙의인화(justification by faith)가 신앙제일주의(sola fideism)에만 머무르지 않고, 사랑의 에너지로 채워지는 믿음, 사랑으로 역사하는 믿음, 혹은 사랑으로 온전케 되는 믿음을 강조하면서 완전한 성화(entire sanctification)의 신학으로 발전되고 성숙해야 함을 밝힌, 개신교 마지막 종교개혁자이자 최대의 신학자이다.

웨슬레는 단순히 내면적 개인적 성화만을 강조한 부흥사가 아니라, 외향적 사회성화운동까지 전개한 사회변혁가이다. 그러나 그의 사회변혁을 위한 성화운동은 철저히 개인구원에 기초한 운동이었다. 이러한 개인구원과 사회변혁의 신학적 기초는 성화사상에 뿌리를 두고 있다. 그의 성화사상은 복음적 신인협동설(evange li cal synergism), 은총의 낙관주의(optimism of grace), 행동주의(activism)로 설명되기에 적극적 사회참여와 성육신적 선행(good works)운동으로 나타나는 것이다.

따라서 웨슬레의 성화신학은 개인구원에 관심을 갖는 한국 개신교 주류의 보수 진영과 사회 구원에 관심을 갖는 진보 진영 사이에서 에큐메니컬적 대화를 여는 다리 역할을 할 수 있을 것이다.

본 연구에서는 사회복지 활동의 신학적인 근거를, 성서적 복음주의 전도자이며 사회운동가인 요한 웨슬레의 사회복지사상을 고찰하여 교회 사회복지활동(churchs social welfare action)의 기조를 정립하는 데 목적이 있다. 조지 크레프트 셀(George Craft Cell)이 말한 대로 "웨슬레는 종교개혁 이후 가장 혁신적이며 체험적인 신학노선에서 기독교인의 생활문제를 강조한 혁신자"라고 한 것을 주지하면서 웨슬레 당시의 정치, 경제, 사회, 철학적 상황들 안에서 웨슬레의 사회복지이념의 근거를 찾아 그것이 웨슬레에게 있어서 어떻게 실천되었으며, 어떻게 사회에 변혁의 파급을 일으켰는지 고찰해 보고자 한다. 주의 공동체 즉 koinonia인 교회의 의무인 예배koinonia, 교육koinonia, 선교koinonia, 봉사koinonia 중 기독교예배학, 기독교교육학, 기독교선교학 등은 오랫동안 연구되고 발전되어 왔다. 그러나 놀랍게도 구원받은 자의 삶의 열매인 교회 내외 봉사(diakonia), 즉 기독교봉사신학은 전무할 정도로 신학적인 체계가 아직 부재하다. 요한 웨슬레의 성화신학에 근거한 그의 사회적 성화(성결)사상과 사회복지 운동을 고찰하여 미력하나마 기독교 사회복지신학의 근간이 되는 기독교사회봉사신학의 체계를 세우는 데 일조하려 한다.

2. 연구방법과 범위

본 연구는 요한 웨슬레의 방대한 저술과 문헌 중 그가 평생 동안 영국 각지로 순회하면서 대중에게 행한 4만여 회의 설교 중에서 표준설교로 인정된 것 44편과 그 밖의 9편의 설교, 신약성서 주해, 논문, 서신, 일지 등 1차 자료들을 토대로 분석, 평가, 정리하면서 1차 문헌들을 통하여 얻어진 2차 자료들을 통한 문헌 연구 방법에 의하여 기술할 것이다. 특히 요한 웨슬레의 성화신학에 따른 사회선교이자 사회개혁운동의 일환인 그의 사회복지사상을 탐구하는 데 범위를 두었다. 이유는 사회복지학의 시작이 선구자격인 영국에서 발전된 학문이기 때문이고, 무엇보다도 웨슬레는 반기독교적인 사회 분위기 속에서 성경을 기반으로, 그의 성화신학을 사회의 구체적인 삶의 현장에 어울리게 해석하고 적용하는 귀중한 노력을 했기 때문이다. 복음의 진리를 산업사회의 변화된 일상적 삶에 잘 적용할 수 있도록 이론적, 실천적 노력을 현대 사회학자들이 기독교 사회복지 사상이라고 부르는 귀한 영역의 개척자 역할을 하였다.

2장에서는 웨슬레의 사회복지 사상의 형성 배경을 철학적, 시대적인 상황과 더불어 신학적 및 성서적 배경을 살펴봄으로써 웨슬레의 사상이해를 위한 기초를 마련하고자 한다. 웨슬레 당시의 정치, 경제, 사회, 문화적 상황 속에서 웨슬레의 성화신학의 열매인 사회복지사상의 근거들과 요소를 찾아보겠다. 그래서 요한 웨슬레에게 구체적으로 어떻게 실현되었는지 그리고 교회 사회복지에 어떤 공헌을 제공했는지 그의 사회복지 이념의 배경을 규명하고자 한다.

3장에서는 웨슬레의 사회복지 사상을 이해하기 위한 전제로서 웨슬레의 인간 이해, 인간의 책임 그리고 성화신학의 특징인 그리스도인의 삶으로서 성화의 본질과 단계를 다뤄 보고자 한다. 이 단락에서는 복음적인 사회사업(social works), 사회복지활동(social welfare actions)을 가능케 하는 인간 자체 속에 들어 있는 전제들에 대하여 논구 하려고 한다. 이러한 전제들이 있음으로 인간의 도덕적 행위에 대한 필연성과 의미를 꿰뚫어 볼 수 있게 되며 그에 상응하는 결과들을 도출해 낼 수 있을 것이다.

4장에서는 웨슬레의 사회복지 실천이 가능했던 동인(motivation)인 완전성화로서의 사회적 성화를 이해하고 그 결과 사회복지 운동적, 경제 정의적, 복지 서비스적 실천 등이 어떤 결과를 초래하였는지 살펴보려고 한다. 웨슬레의 사회복지사상의 실천은 그의 성화신학의 열매인 이웃 사랑에서 완성된다. 웨슬레의 구원론은 하나님의 선행적 은총에 힘입어 역사 속에서 완전(성결)에 이룰 수 있다고 보았기에 사회복지적, 사회개혁적 실천을 기독교 신앙의 궁극적인 목표로 보았다.

5장은 이 글의 결론 부분으로서 이제껏 살펴보았던 사실들을 토대로 존 웨슬레의 사회적 성화운동이 가지고 있는 사회복지 실천의 특징을 규명할 것이다. 그의 성화신학에 근거한 사회적 책임을 오늘의 한국교회가 어떻게 수용할 수 있는지를 이 글을 약술하고 제언할 것이다.

Ⅱ. 요한 웨슬레(John Wesley)의
사회복지사상의 배경

웨슬레의 사회복지 사상의 형성 배경을 철학적, 시대적인 상황과 더불어 신학적 및 성서적 배경을 살펴봄으로써 그의 사상 이해를 위한 기초를 마련하고자 한다. 웨슬레는 당시 사회적으로 만연한 부패와 정치적인 혼란으로 파생된 인간의 도덕적 상실감과 경제적으로는 산업혁명의 과도기에 부익부 빈익빈 현상이 극도로 심화되어져 경제질서가 붕괴된 시대에 그는 인간구원을 위한 하나님의 선행적 은총과 사랑에 의하여 낙관을 가지게 되었다. 이렇게 성화의 윤리로부터 시작된 그의 사회복지사상은 가난한 사람들에 대한 시각적 변화를 가지게 되었고, 사회적 책임을 구축하는 복지사업을 실천하게 되었다.

1. 철학적 배경

난세가 영웅을 만든다는 평범한 역사적 진리를 받아들인다면 기독교 역사의 한 영웅으로 추앙받기에 조금도 부족함이 없는 요한 웨슬레의 등장 역시 그 개인의 출중한 소양 외에 그를 필요로 할 수밖에 없었던 역사적 맥락이 있었음은 자명한 사실이다. 흔히 웨슬레가 활동했던 18세기를 가리켜 3R시대(reason-이성시대, revolution-산업혁명시대, revival-종교적 부흥의 시대)라 부르는데 이것은 그만큼 영국 역사상 유례가 없을 만큼 모든 면에서 격동의 시기였음을 의미하는 것이다.

우선 그 당시는 자연신론의 합리적 종교가 범람한 시기로 17세기부터 불기 시작한 문화의 세속화가 신앙의 세속화와 맞물려 그 위세를 떨치던 시기였다. 인간의 삶의 질과 사회정황을 황폐화시킨 웨슬레 당시의 주류적 시대정신은 이신론(Deism), 즉 자연신론이었다. 이는 일종의 자연종교(natural religion)의 체계로서 초월적인 신을 인정하지만 그 신은 창조자로서의 존재가치를 지닐 뿐 이 세상의 역사에는 관여하지 않으며, 우주나 세상은 그 자체의 운명에 일임되었다는 사상이다. 다시 말하면 "타계로부터의 하나님의 계시나 기사, 이적 등의 초월적인 것은 믿지 않는 철학사상"이다(조종남, 1984:20). 이러한 시대정신의 형성 배경은 크게 과학적인 차원과 철학적 차원으로 나눌 수 있다.

첫째, 과학적 차원에서는 폴란드의 코페르니쿠스(Nicolaus Copernicus, 1473-1543)가 지동설을 주장한 이후 아이삭 뉴턴(Isaac Newton, 1642-1727)에 의해 지동설이 일반인들에게 증명되면서 우주는 하나님의 단독 무대가 아니라 엄격한 인과법칙이 있으며 지구도 만물의 중심이 아니라 많은 천체 중에 지극히 작은 한 점으로 불변의 법칙에 따라 운행한다는 학설이 널리 보급되었다. 당시 뉴턴이 발견한 만유인력의 법칙이라는 학설이 회자(膾炙)되자 많은 지식인들은 이 우주 안에는 하나님이 개입할

자리가 없다는 생각으로 기울게 되었고 우주는 자연법칙의 지배를 받는다는 결론에 이르게 되었다. 게다가 그 당시 과학사상은 우주는 원인과 결과의 연쇄인 하나의 커다란 기계와 같은 것으로서 불변의 법칙에 의하여 광대한 공간 속에 거대한 천체가 움직이고 있으며, 지구는 그와 같은 거대한 천체가 움직이고 있는 공간에 비교할 때 한 작은 점에 불과하며 우주의 중심이 될 수 없는 것으로 여겼다.

둘째, 철학적 차원에서는 근세 철학의 아버지인 프랑스의 데카르트(Rene Descartes, 1596-1650)와 17세기말과 18세기 초 영국의 인식론적 경험철학의 시조로 평가되는 존 로크(John Locke, 1632-1704)의 사상이 영향을 미쳤다. 먼저 데카르트는 그때까지의 철학적인 입장을 배제하고 인간의 사색을 무(無)로부터 새롭게 출발시키려 했다. 그래서 그는 모든 것을 회의(懷疑)로부터 출발하여 의심의 여지가 없는 명백한 관념에 도달하려 했다. 그리하여 그 명백한 실재는 자아이며, 자아의 원인으로서는 하나님이라고 말했다. 여기에서 알 수 있는 바와 같이 그는 관념을 통해서 진리를 찾아 나선 자였다.

이와는 달리 로크는 생래적 관념의 존재를 부정하여 인간의 마음은 백지와 같다고 하였다. 그러나 백지와 같은 마음 위에 감각을 통한 인상이 기록되며 그 인상은 반성을 통해 정리되고, 여러 종류의 관념으로 구분되어진다는 것이었다. 이러한 그의 입장은 경험이 관념을 비판하여 그 진위(眞僞)의 정도가 가려진다는 경험론이었다. 위의 두 철학자는 비록 진리규명의 접근방식은 서로 달랐지만 진리의 발견을 인간 자신에게 두고 있다는 점에서 근본적으로 일치한다(野呂芳男, 1993: 42-44).

이러한 과학적, 철학적 사고 체계가 지성인들의 정신세계와 종교에까지 적용되어 이신론적 현상으로 나타났다. 이로 인하여 과거에는 신학이 사고방식을 자극하고 그 사고 활동의 한계를 규정하는 학문이었으나 이제는 구속에서 벗어난 철학의 방법을 적용하는 사고의 학문이 되었으며 비판적인 검증을 받는 학문이 되었다. 사람들은 더 이상 계시종교의 전제에서 출발하는 것이 아니라, 인간 자신이 발견한 것에서부터 출발하고, 인간의 힘으로 발견한 것을 근거로 하여 신앙의 기본적인 명제들을 문제삼기 시작한 것이다(William Cannon, 1946:16).

18세기 영국의 이신론은 이성으로 종교를 재해석하여 성서의 특수계시를 부인하고 종교의 보편성을 주장하였으며, 하나님을 시계제조업자(watch maker)로 생각하였다. 시계가 제조업자의 간섭이 없어도 저절로 돌아가듯이, 하나님의 간섭 없이 역사는 인간에 의해 돌아간다고 믿었다.

이러한 이신론의 대표적인 학자는 틴달(Matthew Tindal)이다. 그는 계시에 의하여 얻어진 진리는 이미 인간이 타고난 이성에 의하여 탐구되어질 수 있는 것이어서 이성에 의해 명확하게 이해될 수 없는 교리는 존재하지 않는 것으로 여겼다. 그러므로 기적을 계시의 진리로 확증한다는 견해는 신성모독이라고 말했다. 왜냐하면 하나님이 창조하신 세계는 지극히 완전한 법칙을 따르고 있으며 창조주가 이 법칙을 잠시라도 깨뜨리고 개입하는 일이란 있을 수 없기 때문이라는 것이다.

그의 견해에 의하면 인간이 진리를 깨닫는 데에 있어서 계시와 기적은 전혀 필요 없고 인간 이성만으로 충분할 뿐 아니라, 이성에 의해서만 가능하다는 것이다. 자연적으로 계시와 종교와는 아무런 관계가 없게 되며, 이성이 신앙의 준거(ultimate guide)가 되는 결과를 낳게 되었다. 이성이 계시나 신앙보다 우위에 있었다. 따라서 이신론자들은 기독교를 자연주의화(naturalization)하는 데 주력하고 기독교에서 초자연적인 요소를 제거하는 데 몰두하였다.

그리고 이러한 이신론적 경향이 교회에까지 영향을 미쳐 성직자들의 설교 역시 합리주의(rationalism)의 보호 아래서 무미건조하고 이론적이었으며, 단순한 해설이상의 의미를 찾지 못하였다. 결국 교회는 생명력을 잃어버리고 사회에 어떠한 영향도 미치지 못하는 위치로 전락하고 말았다. 따라서 성직자들에게서 교회 밖의 사람들에 대한 구령운동은 도저히 기대할 수 없었고 빈민 노동자들을 비롯한 많은 대중이 교회의 목회권 밖에 방치되고 있었다.

이러한 이성의 시대에 살았던 웨슬레 역시 시대의 영향을 받아 이성의 역할과 자유의지의 중요성을 강조한 18세기 영국의 신학자였다. 그러나 그가 이해하는 이성의 개념과 자유의지의 개념은 18세기 이신론의 개념도, 중세의 스콜라주의적 개념도 아니었다. 그것은 믿음을 전제한 이성, 성령의 인도 아래 복음에 봉사하는 이성이다. 성령의 은총과 계시가 인간 이성 활동보다 먼저 주도권(initiative)을 갖는다.

웨슬레는 아벨라르(Aberlard)적 이성 이해-중세를 지배한-에 가깝지 않고, 오히려 안셀름(Anselm)적 이성이해에 가깝다. 아벨라르는 이성적 사변을 통하여 믿음에 이른다고, 믿기 위하여 이해한다고(intelligo ur credam) 주장했으나, 안셀름은 믿음의 결단에 의하여 이해에 이른다고, 알기 위하여 믿는다고(credo ut intelligam) 주장했다.

2. 시대적 배경

가. 도덕적 상황

"문화는 종교의 형태요, 종교는 문화의 내용이라"고 한 Paul Tillich의 말은 옳다(Paul Tillich, 1959:42). 18세기 영국이 타락하게 된 근본적인 원인은 이신론(Deism)의 영향으로 인하여 질식 상태에 있었던 것이다. 이때야말로 이신론이 모든 분야를 휩쓸었던 시대였다.

John W, Bready 는 웨슬레가 회심하던 1738년에 있어서 영국의 도덕과 종교는 일찍이 어느 기독교국가에서도 찾아볼 수 없을 만큼 심각할 정도로 부패되어 있었다고 하였다(John W, Bready, 1938:19). 도덕적 힘이 위험 수위에 달했고, 종교의 힘도 파괴되었으며, 국가는 요구호(要求護) 대상자 빈민들로 가득 차 있었다. 정치인이나 학자 모두 종교에 대하여 무관심 내지 냉소적인 태도를 취하였고, 일반대중은 무지하고 잔인하였다. 당시 영국사회의 어두움은 날로 짙어만 갔다. 영국사회는 모든 면에 있어서 질병이 만연해 있었다. 사상성은 고루하였고, 스포츠는 잔인하였으며, 공중도덕은 썩을 대로 썩어 부끄러움조차 없었다. 장터에는 야만적인 경기로 가득 차 있었고 국가는 세금관계로 이것을 방임하고 있었다. 문학도 저속하였고, 철학은 이성의 장난처럼 되어 버렸다. 간음은 일종의 스포츠처럼 되어 심지어 부정을 행한 아내보다 배반당한 남편이 창피를 당하는 판이었다. 사회지도층인 정치인, 종교인, 법관, 민중 할 것 없이 모두 부패하였고 잔인무도하였다(W,H, Fitehett, 1908:139-140). 그렇다면 그 이유는 어디에 있었는가? Bready는 말하기를 여러 가지 이유가 서로 얽혀 있으나 첫째는 反淸敎徒 추방령이요(J,W Bready, 1938:20), 둘째는 배심원 제거이고(J. W. Bready, 1938:24), 셋째는 집회의 억압이었다(J. W. Bready, 1938:26). 이때는 산업혁명이 방금 시작한 때였고, 그 산업혁명은 사회문제를 야기하는 기폭제가 되었다. 부는 전체적으로 보아 증가하였으나 분배에 있어서는 부익부, 빈익빈의 양상이 두드러지게 나타나게 되었다. 그 결과 노사간의 싸움이 촉발되었고, 돈에 대한 탐욕, 이기주의, 계급 간의 무질서 등 반사회적인 현상이 두드러지게 나타났다(W, H, Fitehett, 1908:29).

무엇보다도 18세기 영국사회의 부패상은 상업이 타락할 대로 타락한 노예매매이었다. 영국은 1713년에 스페인과 불란서로부터 노예매매에 대한 독점권을 획득하여 스페인領 西印度諸島에만 30년간에 144,000명의 흑인들을 판매하기로 계약하였다. 또한 1770년까지 무려 30만 명의 흑인노예를 미국에 팔아 넘겼다. 노예매매는 아프리카 흑인들에게만 불행한 운명을 가져다준 것이 아니라 영국의 도덕적, 사회적인 면에 해독을 주었다. 이를 Bready가 평가하기를 "악질적인 노예매매는 영국의 산업과 무역의 주변에서 함께 자라는 사회악의 원인과 모태"였다는 말이 옳다. 그리고 M, Edward는 '18세기의 영국은 세계의 저녁을 보는 것 같다'(김성철, 2000:27)고 말했다.

음주의 향락도 심하였다. Bready는 다음과 같이 당시 영국인들이 마셨던 독한 위스키 류가 점차 일반적인 음료로 증가되어갔음을 보여주고 있다.

> 1684년도 영국의 위스키류(Sprits)의 술 생산고가 527,000 갤런이었던 것이 1714년에는 2,000,000 갤런, 1727년에는 3,601,000 갤런으로 증가하였고, 1735년에는 5,394,000 갤런으로, 1742년에는 7,000,000 갤런으로 그리고 1750년에는 최고도로 올라 11,000,000 갤런에까지 이르렀던 것이다(J. W. Bready, 1938:145-146).

웨슬레가 술을 '유행하는 독약'(fashionable poison)이라 부를 만큼 전 영국이 음주에 찌들어 있었고, 거기에다 술집 수는 도시의 4분의 1이 술집일 정도로 많았다. 심지어 문화활동인 스포츠 면에서도 그 시대의 비도덕성을 볼 수 있다. 어른들로부터 아이들까지 잔인하고 거친 노름을 좋아했다. 그래서 황소, 곰, 고양이, 개, 수양, 수탉 등 짐승들을 놀리며 괴롭혔고, 그것을 즐겼다.

거리에는 창녀가 우글거리고, 감옥은 만원이었고, 죄수의 사형 집행이 잦았다. 감옥제도는 참으로 야만적이었다. J, Wesley는

1753년 2월 3일자 일기에 Marshalsea감옥의 한 곳을 방문하고서 이렇게 그 참상을 기록했다.

> 지구상에 그러한 곳이, 그러한 지옥의 광경이 존재하다니 이 얼마나 우리 인간이 부끄러워할 일인가!

1759년의 어느 날 Wesley는 7년 전쟁으로 붙잡혀 온 불란서 포로들을 보기 위하여 Bristol 근방의 Knowle에 가서 보고 이렇게 묘사하였다.

> 천여 명이나 된다는 그들이 아무 것도 깔지 않은 지푸라기 위에서 얇고 더러운 넝마 한 쪼가리만을 몸에 걸친 채 좁은 공간에 밤낮 갇혀 있다가 쓸모없게 된 양들처럼 죽어갔다(John Wesley, Journal, Oct, 15th, 1902:175).

그렇다면 영국의 도덕과 사회의 부패원인은 어디에 기인하고 있었는가? 종교의 타락으로 말미암은 것이다. 성직자들의 신앙은 세속화되었고, 교회는 냉랭하게 차가워졌으며 공중도덕은 부패하였다. 초자연적인 신학이 고갈된 종교는 인간의 양심을 지배할 힘이 없었다. 귀족계급은 종교를 경시하고, 시민들은 무관심하였으며, 서민층(노동자)들은 종교적 영향권으로부터 완전히 소외되거나 무시되었다. 이러한 사실들은 이신론(Deism)의 영향에 의한 결과이다. 웨슬레가 영국의 특징을 불경건하다고 한 것처럼 불신앙과 불경건은 당시 그리스도인의 특색이었다. 그러므로 영국에서는 그 무엇보다도 영적인 혁명이 필요하였다. "오순절의 강한 바람이 죽어 가는 이 나라에 신선한 생기를 불어넣어야만 했고, 오순절의 강한 불이 사람들의 영혼에 믿음의 불을 붙이도록 하지 않으면 안 되었다."

웨슬레는 이 위대한 거사를 위해 부름을 받았던 것이다. 웨슬레는 신앙부흥운동(evangelical revival movement) 즉 구령운동을 지향하면서 그것을 중심으로 사회참여, 사회개혁, 사회사업운동으로 추진력을 확산시켜 나갔다. 웨슬레는 본래 사회개혁자는 아니었으나 그의 사회복지 실천은 당대 사회에 대단한 영향을 끼쳤다.

나. 정치적 상황

그러면 당시 영국의 정치적인 상황은 어떠했는가? J. W. Bready에 의하면 이신론과 노예매매가 성행하던 그 시대의 대표적인 정치인이었던 Robert Walpole 수상은 정부는 부패가 아니면 폭력으로 유지되어야 한다고 믿는 사람이었다. 그는 거액을 왕과 여왕에게 뇌물로 헌납하기를 곧잘 하였을 뿐만 아니라, 그의 치세 동안에 대부분의 의원들이 그의 기밀비를 받았으며, 심지어 교회 감독들까지도 이러한 방법으로 그에게 매수되어 있었다(J. W. Bready, 1938:119-120). 그의 성격은 마키아벨리적(Machiavellism- 국가의 이익을 위해서는 수단과 방법을 가리지 않고 정무를 처리하여야 한다는 국가 지상주의 또는 목적을 위해서는 수단과 방법을 가리지 않는 권모술수) 사고방식이었고, 그의 습성은 정신과 마음이 교활하고 육욕적이었으며, 술주정꾼인 데다 대식가이었으며, 공개적으로 간통하는 자이었다고 한다.

1689년 이른바 명예혁명(glorious revolution)으로 불리는 윌리엄 3세(William Ⅲ)와 메리(Mary)의 무혈혁명으로 전통적인 왕정이 유지되었고, 의회가 정치의 주도권을 장악하는 체제로 만들어졌다. 의회에 자기들의 대표자를 보낼 수 있었던 계층은 국왕의 부당한 간섭을 배제할 수 있게 되었고 사유재산권을 인정받게 되었다. 이로 하여금 자본주의 발전의 기초를 만들어 산업혁명을 진전시키기에 이르게 되었다. 윌리엄 3세는 국왕의 권한에 속했던 대신(大臣)의 임명권을 행사할 수 있어서 처음에는 휘그(Whig)당과 토리(Tory)당에서 임명하였으나 얼마 후 휘그당이 국왕과 야합하여 윌리엄은 휘그 당원만으로 내각을 구성하였다. 윌리엄이 죽은 후 메리의 동생 앤(Anne)이 여왕이 되어 1702년부터 1714년까지 통치하였으나 여왕 앤이 죽은 후 독일의 하노버(Hanover) 가문으로부터 맞아온 조지 1세(George Ⅰ)가 즉위한 후 로버트 월폴(Robert Walpole)이 정무를 위임받아 최초의 수상이 되어 내각제를 실시하였다. 그들은 집권 후에 지나친 억압을 자행하여 사회 전반에 큰 반발을 일으켰으며 왕정복고로 인한, 국민들이 원하는 정반대의 사회분위기를 조성해 갔다(John W. Bready, 1938:120).

다. 경제적 상황

18세기는 산업혁명의 시대였다. 인류역사상 최초의 산업혁명이 영국에서 일어났다. 수공업에서 기계공업으로 발전했다. 먼저 인도로부터 수입한 목면공업(木棉工業)으로 방직공업을 위한 기계들이 1760년경 하그리브스(James Hargreaves)에 의해 발명되고, 그 동력으로는 1775년 제임스 와트(James Watt)가 발명한 증기기관이 생겨났다. 그래서 실 짜는 기계가 생기고, 석탄을 개발하여 철을 제련하게 되었고, 증기엔진이 발명되어 산업혁명을 가속화시켰다. 산업혁명은 먼저 원료와 제품을 육로에 비해 더 효율적으로 운송할 수 있는 해운업의 발전, 운하의 건설, 도로의 확장 등 교통수단의 발전을 촉진하였다. 이에 반해 철 공업과 섬유공업이 도시를 중심으로 발전하게 되자 인구가 도시로 집중하는 현상이 생기게 되었으며, 이와 같은 현상은 산업화를 가속화시키면서 여러 부작용들을 발생시켰다.

더구나 이 시대는 산업혁명이 시작된 초창기였고, 그 산업혁명은 그 다음 세기에 뚜렷하게 나타났던 인간사회 문제를 바로 일으키기 시작해서 죄악의 오염이 가속화되었다. 이때에 대두된 제조산업의 팽창은 국민의 일반적인 생활양식에 큰 변화를 가져다주었다. 산업혁명의 결과 영국 어느 곳에 가든지 전에 보지 못하던 굴뚝이 서게 되었고, 한산하던 촌락이 상공업의 도시로 변하였다.

이러한 사회변혁은 문명의 발달을 제공하기는 했지만 막대한 사회적 위기를 초래하였다. 부는 대체적으로 증가추세를 보였지만 그 분배에 있어서는 큰 변화를 가져와 한 때는 부익부, 빈익빈이라는 사회양상을 나타내었다. 그 결과 노사간의 분쟁이 시작되었을 뿐만 아니라, 사회혼란을 조장하는 돈에 대한 탐욕, 계급간의 알력, 이기주의 팽배 등 반사회적인 일탈현상이 나타났다.

18세기 후반에 접어들면서 인구 증가 및 전쟁의 영향 등으로 농산물의 가격이 폭등하자 지주들은 더 많은 이익을 위하여 소작으로 주었던 토지와 공동 경작지를 자본가들에게 위탁하였다. 자본가들은 새로운 기술을 도입하여 대규모적인 농업생산을 꾀하자 토지를 잃은 농민들은 자본가들이 경영하는 농업생산에 고용되거나 도시로 진출하여 공업노동자로 전락하게 되었다.

이와 함께 철 공업과 섬유공업이 도시를 중심으로 발전하게 되자 농촌인구가 도시로 집중하는 이농현상이 심화되었다. 예를 들면 인구 8천 명이었던 맨체스터(Manchester)가 9만 5천 명으로 증가했다(Rupert Davies & Goldon Rupp, 1965:14). 따라서 산업화에 따르는 부작용으로 노동자의 처우개선이 문제가 되었고 노동쟁의가 발생되었다.

광부들의 노동 상황에서는 노동조합이 결성될 수밖에 없었는데 4세에서 13세 이하의 남녀 아동들이 석탄 광부 일에 고용되어 하루 11시간에서 14시간 이상 중노동을 강요당했다(Robert F. Wearmouth, 1947:181). 이러한 광부들의 극한 노동현장과 마찬가지로 산업노동현장에서도 심각한 어려움을 겪었다. 산업노동자들의 3분의 1이 5세에서 15세의 어린이들이었으며 그들은 감자로 배를 채우고 지하실에서 거주했다(Robert F. Wearmouth, 1947:202).

이런 노동 환경에서 광부 노조와 상업노조 그리고 농부들에게 이르기까지 노동조합운동이 일어났으며 급기야 1830년 농민 폭동으로 이어졌다. 그 결과 1831년 '전국노동조합'(national union of working classes)이 런던을 본부로 결성되어 산업노조와 정치노조 등으로 발전하게 되었다.

3. 신학적 배경

루터 이후 서서히 일어난 개신교의 성화사상은 루터의 동역자 멜랑히톤(Melanchthon), 부처(Bucer), 츠빙글리(Zwingli), 칼빈(Calvin), 뮌처(Muntzer)를 거쳐 웨슬레에 이르러서 완성된다. 웨슬레의 성화사상은 서방(로마 교회)교부들의 성화론과 동방(그리스 정교)교부들과 신비주의자들의 성화론의 영향을 받았기에 웨슬레의 성화신학은 교회 사회복지를 위한 에큐메니컬 운동에 기여할 수 있다고 본다.

가. 동방교회의 영향

(1) 닛사의 그레고리(Gregory of Nyssa, 330-395)

웨슬레는 전통을 중요하게 여겼다. 그래서 초대, 중세 신학자들의 고전을 읽고 영향을 받았는데, 아우틀러는 웨슬레가 그레고리로부터 전통의 준거점(criterion)을 발견했다고 한다(김홍기, 1992:173). 특히 웨슬레의 완전 이해-즉 telos를 teleiesis(완전)으로 여긴 금욕주의적 전통-는 동방교회의 영성에 깊이 뿌리내리고 있음을 보여준다. 웨슬레는 그레고리로부터 점진적 성화의 개념(정착된 상태가 아니라 과정임)을 이어받았는데, 동방의 전통인 '훈련된 사랑'(disciplined love)을 받아들여 그의 점진적 성화신학의 기초를 세웠다(김홍기, 1993:70-72). 그래서 루터교나 칼빈주의자들의 '믿음에 의해 주어지는'(imputed) 신학적 요소와 논쟁을 계속할 수밖에 없었다.

(2) 마카리우스(Macarius the Egyptian, 300-390)

마카리우스는 시리아의 교부로서 상징과 유형론, 알레고리를 사용한 독특한 동방교부이다.

마카리우스의 사상은 새 창조이다. 인간은 하나님의 형상으로 창조되었으나, 타락으로 인하여 그 형상이 파괴되었지만, 그리스도를 통하여 새 창조가 시작되는데 이 창조는 완전한 창조라는 것이다. 이 사상이 웨슬레에게서도 발견되는데 그는 새 창조가 원 창조보다 더욱 완전한 창조라고 말한다(이후정, 1993:101).

또한 마카리우스는 완전의 개념을 가지고 있었는데, 아우틀러는 다음과 같이 피력한다.

> 웨슬레는 초대교회의 사상과 경건 중에서 애굽인 마카리우스(Macarius)와 에브라임 시루스(Ephraem Syrus)의 기독교인의 목표인 '완전'에 흥미를 느꼈다(김홍기, 1993:30).

웨슬레의 성화개념이 하나님의 형상을 회복함으로 이루어 나가듯이 마카리우스의 완전개념도 신적 본성에 참여, 합일하는 데 초점이 맞춰진다.

나. 서방교회의 영향

웨슬레는 동방의 신학자들뿐만 아니라 서방의 신학자인 어거스틴에게서도 영향을 받았다. "우리 없이 우리를 만드신 하나님은 우리 없이 우리를 구원하시지는 않을 것이다"(김홍기, 1993:30)라는 어거스틴의 말을 웨슬레는 즐겨 사용하였다. 웨슬레의 선행은총론은 어거스틴의 은총론과 연결된다. 하나님의 은총은 인간의 의지를 거슬러서 작용하지 않는다. 하나님은 은총을 통해서 인간의 의지를 일으키시고, 그 의지가 선을 향하도록 하신다. 그래서 하나님은 우리의 의지가 발동할 때 같이 활동하시는 것이다. 이러한 이론은 웨슬레에 의하면 하나님은 선행은총으로 인간에게 자유의지를 주셨다는 것이다. 따라서 우리의 의는 전가된 의이면서 동시에 참여의 의인 것이다. 웨슬레는 어거스틴의 의의 양면성(imputed and imparted righteousness)을 받아들였다(김홍기, 1993:74).

종교개혁은 어거스틴의 구원론의 재발견이요, 반펠라기우스주의(anti-pelagianism)에서 나왔지만, 루터는 단순히 어거스틴의 의의 개념을 주어진 의(imputed)로만 받아들였다. 그러나 어거스틴이 본성적인(imparted) 혹은 본질적인(inherent) 의의 개념으로 해석한 것은 이해하지 못했다. 어거스틴의 의인화란 하나님과의 법적인 관계회복을 의미할 뿐만 아니라 그 의가 인간 본성의 한 부분이 됨을 강조한다. 그 의로움은 하나님에게서 주어지는 것이요, 우리 스스로의 공로나 노력- 펠라기우스주의 -에 의해서 얻어지는 것이 아니라는 점에서는 어거스틴이나 루터가 일치한다. 그러나 루터의 의는 우리 밖에서 하나님이 역사하는 의로움이지만, 어거스틴에게는 우리 밖에서 주어질 뿐 아니라 우리 안에서 하나님이 역사하는 의로움이다(김홍기, 1993:75). 루터의 의 개념은 용서받은 죄인(simul justus et peccator)의 개념으로 발전했다. 즉 죽는 날까지 완전한 의인이 될 수 없고, 다만 용서받은 죄인의 상태로 남아 있을 뿐이라고 이해했다. 이것이 개신교의 법적 의인화의 개념이다.

그러나 웨슬레는 개신교의 법적 의인화의 전통을 따르면서도 어거스틴의 의의 객관적 요소(imputation)와 주관적 요소(impartation) 모두를 받아들인다.

어거스틴에게 있어서 성령의 역사를 통한 죄인의 실제적인 내적 갱신은 본성이 변화하는 은총으로 나타난다. 인간 의지의 참여로 인간 본성이 하나님의 본성에 참여하게 된다. 하나님이 인간에게 신적 본성에 참여하고 신적 본성을 받아들이는 능력을 주셨다고 어거스틴은 믿었다.

그러나 어거스틴은 욕망으로 인하여 이 세상에서의 완전 실현의 가능성을 부인한 반면, 웨슬레는 이 지상에서 그리스도인의 완전(성결)의 가능성을 믿었다.

웨슬레는 어거스틴과 루터가 주장하는 '전가된 의'(서방)와 은혜와 자유의지가 함께 협력하는 '참여적 성화'와 신인협동설(동방) 양자를 모두 수용하여 자신의 성화신학을 성립시켰다.

다. 신비주의의 영향

웨슬레의 사상 형성에 작용한 요소들 중에서 신비주의의 영향을 무시할 수 없다. 신비주의자들은 속세를 떠나 고행적 수련 방법인 명상과 금욕생활을 통하여 자기를 부인하고 하나님과 자신과의 신비한 영적 관계를 추구하는 사람들이다. 신비주의의 전통은 크게 두 가지 흐름으로 볼 수 있다. 하나는 중세의 수도원적 전통으로 자아에 대하여 철저히 부정하여 성·속을 분리하는 정적주의(stillness, quietism)적인 비사회적 전통과 하나님에 대한 체험을 하나님이 창조한 세계 속에서 이해하려 했던 전통이다(박충구, 1992:298-299). 웨슬레에게 영향을 주었던 신비주의는 정적주의적인 신비주의적 요소로서, 형식보다는 내면성을 중시하고 자신을 전적으로 하나님과 이웃에게 헌신할 수 있는 배경이 되었다.

(1) 제레미 테일러(Jeremy Taylor : 1613-1667)

웨슬레가 신비주의의 영향을 받게 된 것은 그가 23세 되던 1725년 제레미 테일러 감독의 저서인 "거룩한 삶과 죽음에 대한 법칙과 훈련"(rules and exercises of holy living and dying)이라는 책을 탐독한 연후였다. 특히 '의지의 순수성'(purity of intention)에 관한 부분에서 감동을 받아 생각과 말과 행동을 하나님께 바치기로 결심했다. 웨슬레의 성화신학의 개념은 하나님과 협력관계(synergism)를 이룬 사람들에게 목표와 동기를 마련해 주기 때문이다.

(2) 토마스 아 켐피스(Thomas A Kempis)

1726년 아 켐피스의 「그리스도인의 모범」(the christian pattern)

을 읽고 '내적 종교' 즉 마음의 종교적 본질과 범위가 무엇인가를 알게 되었을 뿐만 아니라, 참된 그리스도인은 주 예수를 모방(imitate)하려고 한다는 것을 깨달았다. 그래서 그는 예수님의 마음을 꼭 가지려고 했고, 주님처럼 살려고 다짐하였다.

(3) 윌리암 로우(William Law)

웨슬레는 로우의 「그리스도인의 완전」(christian perfection)과 「경건하고 거룩한 삶에의 부름」(serious call to a devout and holy life)을 탐독한 후 자기의 생을 하나님께 바치기로 결심하였다(Wesley, 1985:6).

왜냐하면 윌리암 로우가 주장하는 기독자의 완전은 자기의 의무가 거룩하고 종교적인 행위를 올바르게 이행하는 바로 그것에 있었기 때문이다(Wesley, works Ⅷ, 366-367). 웨슬레는 이때 이후로 한동안 신비주의 사상에 심취하였는데 그 원인은 당시의 영국교회가 전반적으로 무기력하고 부패하였지만, 어렸을 때의 철저한 종교교육으로 세속적인 것을 멀리하고 보다 경건한 생활을 추구하였다. 그래서 수도원적인 엄격성과 순결을 요구하는 신비주의와 자연스럽게 만났을 것이다.

웨슬레의 신비주의는 자신의 영혼을 구원하기 위한 수단으로서의 신비주의이며, 또한 정신적 기도를 통하여 자기 자신을 정결하게 하는 가장 효과적인 방법으로서의 신비주의였다(Cannon, 1946:78). 그러나 웨슬레는 다음과 같이 신비주의를 비판했다.

첫째, 신비주의자들은 하나님과 하나됨을 추구하면서도 하나님의 말씀과 은혜를 무시하고, 그리스도의 중보적 사역과 교회의 역할에 대해서 간과하며, 하나님과의 직접적인 경험에만 집착하는 경향이 있다. 따라서 이들은 교회를 불필요한 것으로 여기며 장애물로 생각한다. 신비주의자들은 자신의 경험만을 종교의 기준으로 삼는다.

둘째, 신비주의자들은 인본주의적이며 자기중심적이고 폐쇄적이다. 그래서 사회에 대한 사명감이나 책임의식이 결여되어 있다.

셋째, 신비주의는 정서 혹은 감정적 요소를 중시하는 나머지 신학에서의 지적 탐구라든가 의지적 활동을 경시한다. 그래서 종교의 제도에 반대하며, 회개와 용서 그리고 구원의 확신과 기쁨 등이 결여되어 있다고 비판했다.

웨슬레는 성화의 중요성과 필요성에 대해서는 신비주의자들의 견해에 전적으로 공감하면서, 우리가 왜 성화되어야 하는가 하는 문제와 어떻게 성화될 수 있는가 하는 문제에 있어서는 신비주의자들의 견해와 달리하고 있다. 신비주의자들은 성화됨으로써 구원받을 수 있고, 성화되는 것은 자신의 노력과 수양에 의해서 가능하다고 생각한 반면에, 웨슬레는 성화는 구원의 원인이 아니라 구원의 결과로서 구원 뒤에 따라 오는 것이며, 성화되는 것은 우리의 힘으로써가 아니라 전적으로 하나님의 은혜에 의해서 가능하다고 보았다.

라. 마틴 루터(Martin Luther)의 영향

루터는 구원을 성취하는 데 있어서 선행의 공로를 인정하였던 중세 가톨릭의 인간 중심적인 종교에 대항하여 신 중심적인 신학으로 전환시켰다. 죄인인 인간은 하나님의 은혜를 받기 위해 자신의 모든 것, 즉 모든 선행까지도 포기해야 하기 때문이다. 루터의 명제는 '선한 나무가 악한 열매를 맺을 수 없다'는 것이다. 그래서 그의 과제는 어떻게 선한 나무가 되느냐 하는 것이었다. 이 문제에 대하여 하나님은 그리스도 예수 안에서 모든 인간에게 선한 나무가 되도록 의롭다고 여기셨다는 것이다. 알트하우스(Paul- Althaus)는 다음과 같이 말한다.

> 루터의 윤리적 특징은 죄인이 예수 그리스도 안에 나타난 은혜를 통하여 의롭다 함을 받음으로 결정된다. …… 의인은 '크리스천의 온갖 활동의 전제'와 '크리스천의 온갖 활동의 근원'으로 볼 수 있다(Paul Althaus, 1989:27).

웨슬레는 그의 설교 "하나님의 포도원"(on God's vineyard)에서 루터의 구원론을 비판한다. 루터가 갈라디아서 강해에서 성화에 무관심했다고 비판한다(Wesley, works Ⅶ,204). 루터의 신학적 핵심은 크리스천의 활동을 낳게 하는 신앙 즉 의인을 강조하는 데 반하여 웨슬레는 사랑에 뿌리를 두고 있다. 웨슬레의 사회적 관심은 사랑에 근거한 것이다.

웨슬레는 루터 신학에 많은 영향을 받았지만, 루터가 믿음을 과

대시한 나머지 이성을 무시하여 신앙지상주의(solafideism)로 흐른 점과 도덕과 인간의 선행이 무시된 율법폐기론적(antinominianism)인 루터의 사상을 비판하였다. 루터는 선행(good works)을 의롭다 함을 받은 자에게 자동적으로 따라오는 것으로 해석하였다(Paul Altha- us, 1989:44). 그러나 웨슬레는 선행과 사랑은 저절로 맺혀지는 열매가 아니라, 인간의지의 책임적인 참여에 의해 신인협동적(synergism)으로 이루어지는 행위라고 주장했다. 또한 웨슬레는 로마 가톨릭이 신앙에 의한 의인화를 무시했다고 비판한다. 웨슬레는 신앙의인화를 전제한 사랑의 성화를 강조한다. 로마 천주교가 선행의인화를 주장하고, 성화를 강조함으로써 신앙 의인화를 무시했다고 비판한다(Wesley, works Ⅶ,204). 그가 말하는 성화는 철저히 신앙 의인화에 기초하고 있다. 웨슬레는 동방교회적 전통-점진적 과정의 성화론과 은총과 자유의지의 신인협조적 구원관-과 서방교회적 전통-어거스틴과 루터의 신앙의인화-을 종합한 변증법적 신학을 형성했다.

루터와 웨슬레의 성화론의 차이를 보면 루터는 완전한 성화가 현실에서 는 불가능하다고 보았지만, 웨슬레는 완전성화가 인간이 죄 용서함을 받고 중생한 후 점진적이며 순간적인 성령의 역사로 얻을 수 있다고 보았다(Cell Geoge, 1955:32).

마. 존 칼빈(John Calvin)의 영향

칼빈은 하나님의 절대 주권에 의한 예정을 강조한다. 마치 토

기장이가 그릇을 귀하게도, 천하게도 만드는 것처럼 하나님께 구
원이 달려있다는 것이다.

> 예정은 하나님의 영원하신 예정을 말한다. 하나님은 모든 사
> 람에게 자기가 원하는 대로 결정하셨다. 어떤 이는 영생으로 예
> 정되었고, 어떤 이는 영원한 파멸로 예정되었다. 각자는 이 둘
> 중에 한 편으로 창조되었다. 즉 생명으로나 그렇지 않으면 죽음
> 으로 예정되었다(이종성, 1988:130).

칼빈의 이러한 이중예정론은 많은 지탄을 받아왔지만, 칼빈신학
의 중심이 예정론이 아니라 예정에 든 사람인지를 확증해야 한다
면서 성화론을 거론하는 교회사가-라인홀드 제베르그(Reinhold
Seeberg), 윌리스톤 워커(Williston Walker)-등은 칼빈의 『기독교
강요』에 성화론이 지배적으로 강조되고 있다고 역설한다(김홍기,
1993:77-78).

칼빈은 데살로니가 전서 4장 4, 7절과 에베소서 2장10절을 인
용하면서 크리스천의 선행을 요구한다.

> 그리스도 예수 안에서 선한 일을 위하여 지으심을 받은 자니
> 이 일은 하나님이 전에 예비하사 우리로 그 가운데서 행하게 하
> 려 하심이니라. 바울이 말한바 선택의 목적은 "우리가 하나님
> 앞에서 흠 없이 거룩하게 되기 위한 것"이고 만약 선택의 목적
> 이 거룩한 생활이라면 그것을 게으름의 구실로 삼지 말고 오히
> 려 우리를 깨우고 자극해서 그것에 대한 불요불굴의 열망을 가
> 지도록 해야 한다(이종성, 1988:135).

　루터는 율법의 기능을 인간의 죄악, 무지몽매, 비참함, 사악, 죽음, 심판, 하나님의 진노를 폭로하는 것으로 이해하는 데 반해 칼빈은 선행을 거듭남의 열매이고, 선택받았음을 확증하는 증거라면서 이 선행과 성화의 채찍질과 자극을 율법이 하고 있다고 주장한다. 칼빈은 루터보다 율법을 긍정적으로 해석한다. 루터의 율법 용법이 소극적이라면, 칼빈은 구원받은 성도의 부단한 자기부정(self-denial)을 통해서 하나님 사랑과 이웃사랑이 나온다고 강조하고, 성화를 위해서 부단한 훈련과 성숙이 필요하다고 역설했다. 칼빈은 율법의 기능을 신자의 성화에 적극적으로 적용하여 채찍질로 이해했다. 이러한 율법의 용법은 웨슬레에게 영향을 주었다. 칼빈신학에 기초한 청교도 신앙의 집안에서 자란 웨슬레의 어머니 수잔나는 자녀들을 청교도적인 교육방법으로 길러 하나님의 뜻에 자기 의지를 죽이고 복종하도록 훈련시켰다. 그러나 칼빈과 웨슬레의 다른 점은 인간의 선행은 오로지 성령이 일으키며, 인간의 자유의지는 노예 신세일 뿐(칼빈, 1991:173)이라는 칼빈과는 달리 웨슬레는 성령의 역사에 대한 인간의지의 책임적 응답에 의한 성화를 강조하였다.

4. 성서적 배경

　웨슬레의 사회복지사상은 성서적 배경에서 출발한다. 그에게 있어서 성서는 가장 중요한 원천적인 근거가 된다.

루터의 신학이 로마서에 나타난 신앙의인의 사상에 초점을 맞추고 있다면 웨슬레의 성화와 사회복지사상의 동인은 공관복음서 중에 특히 마태복음서의 산상수훈에 담겨 있는 예수의 가르침에 초점을 맞추고 있다. 루터의 신학은 역사의 중심을 십자가에서 찾고 하나님과 죄인의 화해를 역설한 반면 웨슬레는 다가오는 하나님나라의 빛에서 인간의 신생과 세계의 변혁을 역설한다. 그래서 산상수훈을 성서적 모델로 삼았다. 웨슬레는 산상수훈을 "크리스천의 행위의 실천적 지침서"라고 말했다(Wesley, 「standard sermons」Ⅰ:313).

힌슨(Leon O. Hynson)은 산상설교의 실천적 동기는 기독론적인 것으로서 학습과 모방을 강조하며 사회학적인 것으로 사회의 변혁을 그 목표로 삼고 있다고 말한다(Leon O. Hynson, 1987:108). 산상수훈은 이 세상의 빛과 소금인 그리스도인을 향하여 삶으로 복음을 실천하도록 촉구하고 있다. 웨슬레는 산상수훈 설교에서 개인생활과 사회변혁의 연관성을 말하고 있다.

> 당신이 어떤 은혜를 하나님께로부터 받을지라도, 그것을 다른 사람들에게 전달하도록 하나님은 당신으로 하여금 다른 사람들과 한데 섞여 살게 하신다. 당신의 거룩한 기질과 행위가 다른 사람들에게 영향을 줄 수 있도록 하나님께서는 당신으로 하여금 다른 사람들과 한데 어울려 살게 하신다. 이것은 세상 안에 있는 부패를 어느 정도 억제할 수 있는 것으로 주어졌다는 것을 의미한다.(Wesley, 「웨슬리 총서」Vol Ⅰ, 306).

웨슬레는 마음의 종교에서 외형적 순종의 싹이 나올 수 있다는 것을 보여줌으로써 사회변혁을 강조한다.

웨슬레는 믿음을 강조하여 로마서를 높이고 행위에 중점을 둔 야고보서를 지푸라기 서신이라고 평가한 루터의 입장과는 대조적이다. 웨슬레에게 있어서 믿음은 행위를 낳는 역동적인 힘을 가지고 있을 뿐만 아니라 선의 실천 또는 은총을 긍정하고 믿음을 자극하는 그 자체의 역동성을 가지고 있다. 웨슬레는 '구원은 은총에 의하여'(by grace), '믿음으로 말미암아'(through faith), '하나님이 그 가운데서 행하게 하려하신 선한 행위에'(unto good works) 달려 있다는 것이다. 즉 구원의 동기는 믿음이지만 최종적 구원, 구원의 완성(fullness of salvation)은 선행을 통하여 이루어진다고 하였다(Wesley, 「works」vol Ⅷ, 286).

웨슬레는 신자의 삶을 하나님 성품의 동역자 또는 참여자로서의 삶이라고 하였다. 웨슬레의 신학적 관심은 선의 실천(good works)이었으며, 인간의 삶과 행동을 성화신학으로 통찰한 사회 성화적, 사회변혁적 또는 사회복지적 성격을 띠고 있다.

웨슬레의 성화신학은 은총의 낙관주의(optimism of grace)에 의한 선의 실천에 의하여 사회적으로도 지상의 천국을 실현할 수 있다고 믿었다. 물론 절대적인 천국은 초월적, 미래적이지만 상대적인 의미에서 지상의 천국을 믿었다. 그것이 웨슬레의 희년사상(jubilee)에서 나타난다. 웨슬레는 희년 실현을 위해 세금제도의 개혁, 고용제도의 개혁, 노예해방, 여성해방, 청지기의식에 의한 경제적 분배와 나눔, 재산 상속 반대, 광부와 농부와 산업노

동자의 노동조합운동 등을 실천하였다. 그는 실현될 종말론
(realized eschatology)을 믿었다.

웨슬레가 브리스톨에서 옥외설교를 시작한 첫날(1739년 4월1
일) 산상수훈 강해-예수께서도 옥외 산상에서 설교하신 것처럼
-설교를 하면서 하나님 나라의 현존을 실존적, 사회적으로 경험
하는 복음을 선포하였고, 둘째 날(1739년 4월2일) 옥외 하이웨이
에서 누가복음 4:18-19의 본문을 설교하였다(John wesley,
works, vol 19, 46). 그는 가난한 자, 눌린 자, 고통당하는 자, 갇
힌 자, 병든 자, 나그네, 고아, 과부, 신체장애자들을 해방케 하는
희년의 복음을 브리스톨 탄광지역의 민중들에게도 선포하였다.
웨슬레는 그의 「신약성서주해」(Explanatory Notes Upon the
New Testament)에서 누가복음 4:18-19을 해석하기를 '은혜의
해'를 희년이라고 풀이한다. 모든 빚진 자들과 종들이 자유를 얻
는 희년이라고 말한다(John Wesley, 1976:216).

웨슬레는 레위기 25장에 나타난 희년의 모습대로 빚진 자를
탕감하고, 포로 된 흑인노예를 해방시켜야 한다. 굶주린 극빈자들
에게는 먹을 것을 나누어주고, 상속할 재산의 대부분은 사회에
환원하여야 하며 가난한 민중에게 힘에 겨운 세금을 부과하지
말아야 한다. 부자들은 사치하지 말고, 음식을 낭비하지 말며 일
거리 없는 자들에게 일거리를 만들어 주는 제도적 개혁을 해야
한다고 주창하였다.

Ⅲ. 요한 웨슬레(John Wesley)의 사회복지 사상의 전제

1. 웨슬레의 인간 이해

이 단락에서는 복음적인 사회사업(social works), 사회복지활동 (social welfare actions)을 가능케 하는 인간 자체 속에 들어 있 는 전제들에 대하여 논구하려고 한다. 이러한 전제들이 있음으로 비로소 인간은 도덕적 행위의 필연성과 의미를 꿰뚫어 볼 수 있 게 되며 그에 상응하는 결과들을 도출해 낼 수 있다.

가. 인간의 타락

웨슬레의 인간관은 구원론과 연관시켜 조명해 볼 때 그 의미 가 드러난다(Wesley, "On Perfection", 「Works」Ⅵ, 1784:41). 인 간은 하나님의 형상대로 지음을 받아 그를 지으신 하나님이 거 룩하신 것처럼 거룩하며, 긍휼하신 것처럼 긍휼하고, 하늘 아버지 께서 완전하신 것처럼 완전했다. 웨슬레는 하나님의 형상을 세 가지로 설명한다. 첫째 자연적 형상(the natural image of God) 으로서 사람은 영원한 존재(immortality)이며, 이해력과 의지의 자유를 지니고 있는 영적 존재(spiritual being)이다. 둘째 정치적 형상(the political image of God)으로서 다른 피조물을 관리하는 능력을 소유하고 있으며, 셋째 도덕적 형상(the moral image of God)으로서 사랑, 정의, 자비, 순결하며 의롭고 거룩한 존재이다. 웨슬레는 인간이 지닌 세 가지 형상 가운데 도덕적 형상을 가장 중요시하였고 이 형상 때문에 하나님과 인간은 특별한 관계를 갖게 되는 것으로 보았다. 즉 하나님을 알 수 있고 사랑하고 순종할 수 있는 것으로 생각했다(조종남, 1984: 95-96).

웨슬레는 인간의 전적인 타락(total depravity)을 주장하여 "원죄에 대하여"(original sin)라는 그의 설교에서 다음과 같이 설명하고 있다.

> 우리는 이 원죄, 또한 이를 다르게 부를 수도 있지만, 이 사실을 부인하는 자는 기독교도가 아닌 이교도(heathen)임을 알게 될 것입니다. 이 원죄를 인정하느냐 안 하느냐 하는 이 점이야말로 기독교와 이교도를 구별하는 근본적인 갈림길이기 때문입니다. 사실, 인간은 많은 악덕을 소유하고 있으며, 그 대부분은 날 때부터 이를 지니고 나온 것임을…… 그들도 인정하게 됩니다. …… 사실상 사람들은 전적으로 불결하며 죄로 가득 차 있습니다. 그러므로 사람은 누구나 그리스도의 대속을 필요로 합니다. …… 그리고 사람의 마음은 전적으로 부패하였습니다(조종남, 1984:96).

웨슬레는 인간의 본성이 전적으로 타락하여 태어날 때부터 마음이 부패되어 있으며, 부패된 상태는 악의 뿌리로서 모든 죄가 그 뿌리에서 솟아 나오는 것으로 생각하였다. 원죄 가운데 태어난 인간은 선한 것이 없고 선을 지향할 능력마저도 상실되었다고 말한다(조종남, 1984:98).

따라서 전적으로 타락하여 부패한 인간은 하나님의 저주 아래 있다. 그 결과 하나님과의 바른 관계를 회복하기 위해, 자신의 구원을 위해서 스스로 아무 것도 할 수 없게 되었다. 이렇게 비참한 인간의 구원의 길을 웨슬레는 하나님의 은총에서 찾게 되었다. 인간은 죄로 인하여 저주받은 자로서 하나님에 의해 구원을 받지 않으면 안 되는 존재이다. 인간의 유일한 소망은 오직 하나님이 값없이 주시는 은총에 있다.

나. 선행적 은총

웨슬레의 선행적 은총 사상은 철저하게 타락하여 스스로 구원받을 수 없는 지경에 빠져 버린 인간에게 하나님이 구원의 길을 제시하여 주셨다는 것이다. 하나님이 그리스도 예수 안에서 모든 사람들에게 값없이 주심으로 인간은 구원받을 수 있는 길을 예비적으로 받았다는 것이다. 이것을 신학적으로 선행적 은총이라고 말한다.

웨슬레는 그의 설교 '성서적 구원의 길'에서 선행은총을 다음과 같이 말하고 있다.

선행은총이라 함은 하늘 아버지께서 이끄시는 역사—우리가 하나님을 사모하는 마음(곧 우리가 사모하면 사모할수록 점점 증가하는 그 마음), 하나님의 아들이 세상 모든 사람을 교화하시는 빛, 즉 사람에게 공의를 행하고 인자를 사랑하며 겸손히 하나님과 동행하도록 지시하시는 것들을 의미합니다. 또한 성령께서 때때로 모든 사람에게 역사하시어 깨닫게 하시는 것 전부를 말합니다(Wesley, vol Ⅱ,1976:371)

웨슬레는 구원의 시작을 선행적 은총으로부터 시작된다고 보았다. 타락한 인간이 선행적 은총으로 악을 버리고 하나님께로 돌아올 수 있다는 것이다. 웨슬레는 타락한 인간의 구원을 위하여 의롭다 함을 얻기 이전에 이미 하나님께서 역사하고 계신다는 사실을 믿었다. 그러므로 은혜 없이 자연인 그대로 머물러 있는 인간은 현실적으로 존재하지 않는다. 그는 "우리 자신의 구원을 이룸에 있어서"(on working out own salvation)라는 설교에서 구원은 선행적 은총으로부터 시작된다고 주장하면서 그 역사를 이렇게 말한다.

사람이 자기의 범죄에 대하여 일시적으로나마 어느 정도 깨달음이 있다든가 혹은 하나님의 뜻에 대한 깨달음이 언뜻 생긴다면 이것은 선행은총에 의한 것입니다. 이것은 생명을 향한 어떤 암시인데 그것은 구원의 시작이요 눈멀고, 무딘 마음 즉 하나님과 그 하신 일을 전혀 모르는 마음으로부터의 건짐을 받는 초기 단계입니다(Wesley, vol Ⅱ, 1984:450).

더 나아가 웨슬레는 사람들이 구원을 받지 못하는 것은 하나님의 역사나 선재적 은총이 없어서가 아니라 자신의 의지로 하나님의 은총을 거부하고 있기 때문이라고 보았다(조종남, 1984:101).

웨슬레의 구원론은 타락한 인간에게 보편적으로 주어진 하나님의 선행적 은총을 인간의 자유의지에 의하여 받아들여야 하는 책임을 강조하고 있다. 하나님의 은총 아래 있는 인간은 원죄의 죄책으로부터 해방 받아 자유의지가 부분적으로 회복되었기 때문에 하나님의 구원 역사에 동참하여 자기 구원을 위해 일할 책임이 있다(조종남, 1984:102). 이것을 신인협동설(synergism)이라 부른다. 웨슬레가 주장하는 신인협동설은 반펠라기우스주의(semi-pelagianism)나 중세기 가톨릭이 주장하는 것과 같이 자연인이 하나님과 협동할 수 있는 능력을 가진 것을 근거로 하는 협동이나, 인간이 절반 하나님이 절반 나누어 맡는 식의 협동과는 구별된다. 웨슬레의 신인협동설은 하나님의 은혜 가운데서의 복음적 협동설(evangelical synergism)이다.

웨슬레의 신인협동적 사상은 그의 설교 "우리 자신의 구원을 이룸에 있어서"의 본문인 빌립보서 2장 12-13절의 말씀에서 드러난다. "두렵고 떨림으로 너희(자신의) 구원을 이루라. 너희 안에서 행하시는 이는 하나님이시니, 자기의 기쁘신 뜻을 위하여 너희로 소원을 두고 행하게 하시느니라." 사람은 하나님의 도우심 없이는 선한 일을 하겠다는 생각(to will)이나 선한 일을 행할(to do)능력조차 없음을 보여주며, 다른 한편 사람은 두렵고 떨림으로 자기 구원을 이룰 '책임'이 있다는 것을 웨슬레는 강조한다. 그리고 인간은 이웃에게 선을 행하라는 분부를 받고 있다는 것이다.(Wesley, vol Ⅱ, 1984:448-450).

다. 인간의 책임

웨슬레는 하나님의 은혜를 칼빈과는 달리 불가항력으로 보지 않는다. 자기 구원에 대하여 협력할 수도 반대할 수도 있는 것으로 본다. 그것은 하나님의 선행적 은총에 의해 전적으로 파괴된 하나님의 형상이 부분적으로나마 회복되었으며, 따라서 하나님의 부르심에 응답할 수 있는 어느 정도의 자유의지를 가지고 있다고 믿었다(조종남, 1984:101). 바로 이 자유의지 때문에 인간은 하나님의 은총의 부름에 응답하는 책임적 존재로 서야 한다.

웨슬레에 의하면 실존적인 인간은 하나님의 선행은총 아래 원죄의 죄책이 해결되었고, 자유의지가 부분적으로 회복되어 하나님의 구원의 역사에 함께 행동할 수 있으므로 자기 구원을 위해 일해야 할 책임이 있다는 것이다. 그러므로 책임적 존재로서의 인간은 이웃을 위한 사회복지적 봉사를 실천하게 된다.

2. 웨슬레의 성화론

웨슬레의 성화는 구원의 낮은 단계에서부터 높은 단계로 점진적으로 올라가는 성장과정이다. 웨슬레는 다음과 같이 말한다.

우리가 의롭다 함을 얻는 순간부터 은혜 안에서 성장하는 점진적인 성화(gradual sanctification)가 있다. 거기에는 순간적인 변화가 있어야 한다.

그래서 웨슬레의 성화론은 칭의(justification)를 포함한 초기성화(initial sanctification)로부터 온전한 성화(entire sanctification, full sanctification)의 단계까지 구분지어 설명할 수 있다.

가. 초기성화(initial sanctification)

사람이 거듭 날 때 성화가 시작된다. 이것을 초기 성화(initial sanctification)라고 말하는데, 웨슬레는 거듭남으로 성화의 단계에 들어선다고 한다. 그러나 온전한 성화에 이르기 전까지의 신자의 상태를 웨슬레는 이렇게 묘사하였다.

> 그는 겸손하나 온전히 겸손하지 못하며 그의 겸손은 자만과 섞여져 있다. 그는 온유하나 때때로 분노가 그의 온유를 부숴 버린다. …… (결국) 그의 의지는 하나님의 뜻에 전적으로 융해되지 못한 것이다(조종남, 1984:135).

우리가 의롭다고 인정받는 순간 모든 죄가 없어지고 다시는 죄를 지을 것 같지 않게 보인다. 그러나 얼마 후에 잠시 죄가 정지된 상태였지 멸망된 것이 아니라는 것을 알게 된다. 유혹은 다시 오고 죄는 살아나게 되는 것이다(Wesley, vol Ⅱ, 1984:372).

따라서 초기 성화는 인간이 자신의 죄를 확인하고 구원에 대한 믿음을 가짐으로써 의롭다 함을 받고 거듭나는 단계이다.

믿음에는 반드시 회개의 열매가 따라야 한다. 회개의 열매를 등한히 여기면 칭의를 기대할 수 없다. 웨슬레는 회개를 자신이 죄인임을 아는 것이라고 하였다(Wesley, vol Ⅱ, 1984:376).

칭의와 동시에 일어나는 것이 신생(rebirth)인데, 신생은 세상적이고 정욕적이며 악마적인 마음이 예수그리스도 안에 있는 마음으로 바뀌는 변화이다. 칭의와 신생은 시간상으로는 서로 분리하기 어렵지만 논리적으로는 의인이 신생보다 앞서게 된다. 웨슬레는 "하나님께로 난 자의 특권"이라는 설교에서 신생을 이렇게 말한다.

> 칭의와 신생이 시점에 있어서는 서로 분리할 수 없는 것이라는 점은 인정하지만 양자는 쉽게 구별되는 것이다. 양자는 동일한 것이 아니요, 대단히 다른 성질의 것이기 때문이다. 칭의는 관계적인 변화를 의미하며 신생은 실재적인 변화를 의미한다. 우리를 의롭다 하심으로써 우리 안에서 일을 하신다. 전자는 우리의 하나님께 대한 외적인 관계를 변화시키고 그로 인하여 원수였던 우리가 자녀들이 되는 것이다. 후자로 말미암아 우리 영혼의 깊은 속이 변화되어 그로 인하여 죄인이었던 우리가 성도가 되는 것이다. 전자는 하나님의 호의에, 후자는 하나님의 형상에 우리를 복귀시켜 주는 것이다. 그러므로 양자는 시점에서는 함께 결합되어 있지만 전연 별개의 성질의 것이다.(Wesley, 1976:237)

신생은 성화의 시작(initial sanctification)이며, 의인화와 중생의 체험을 통해서 하나님과 화목하여 양자가 된다. 중생하여 하나님의 양자됨을 확증시켜 주는 것은 성령의 신비적인 내적 증거와 구원받은 자의 외적 증거인 선행(good works)을 통하여 나타난다.

나. 점진적 성화(gradual sanctification)

신생이 초기 성화로서 성화의 시작이라면 완전에 이르기까지 계속되는 점진적인 과정이 있다. 웨슬레는 칭의와 신생을 시작으로 완전한 구원에 이르기까지 계속적인 성장이 필요함을 그의 설교 '신생'(new birth)에서 다음과 같이 말한다.

> 어린아이가 여인으로부터 태어나 성인이 될 때까지 점차적으로 자라게 되듯이, 사람은 어린아이처럼 하나님으로부터 태어나 그리스도의 장성한 분량에 이르기까지 점진적으로 자라게 됩니다. 이와 같이 우리의 신생과 성화에 있어서도 계속적인 성장이 일어나는 것입니다.(Wesley, 1976:214)

웨슬레의 성장개념은 루터의 의인에 영향을 받은 모라비안 교도들의 순간적 성화(거듭나는 순간에 완전히 성화되어 더 성장할 여지가 없다고 함)와 차이를 보여 점진적으로 성장하는 과정을 강조하였다(지나치게 의인화만 강조하는 루터주의와 예정론만을 강조하고 자유의지를 부정하는 칼빈주의, 성화만을 강조하고 의인화를 무시하는 가톨릭주의를 웨슬레는 모두 비판하였다. 웨슬레는 인간의 점진적인 참여로서의 성화(actual inherent sanctification impartation)를 주창하였다). 그리고 점진적인 성화를 위해 선행(good works)의 필요성을 강조하였다.

우리는 악의 모든 모양을 조심하여 기회 있는 대로 사람들에게 선을 행하며, 착한 일에 열심을 내면서 은혜에서 은혜에로 나아갑니다.…… 또 자기 십자가를 지고 하나님께로 향하지 않는 모든 향락을 부정하면서 다시금 은혜에로 계속 나아가야 합니다(Wesley, 1976:373).

웨슬레는 온전한 성화를 이루어 가는 과정에서 하나님의 은혜만이 아닌 인간의 선행, 하나님이 주신 성화를 위한 훈련의 채찍질로서 율법의 역할을 강조하고 있다.

다. 온전한 성화(entire sanctification)

온전한 성화는 신자가 다시 자기의 무능과 자기 안에 아직도 남아 있는 죄를 깨닫고 믿음으로 받는 신앙체험이다. 이 체험을 웨슬레는 '제2의 축복', '두 번째 변화', '온전한 구원', '기독자의 완전'이라고 불렀다(조종남, 1984:135-136).

웨슬레에 의하면 이 순간적인 체험을 통하여 신자는 마음속에 남아 있는 죄성(부패성)으로부터 씻김을 받으며, 사랑과 봉사에 더욱 큰 힘을 얻어 승리하는 삶의 계기가 된다는 것이다. 그러나 이 온전한 성화의 체험은 그리스도인의 최종 목표가 아니며 계속 은혜 안에서 성장해야 함을 역설한다. 그것은 완전한 자에게도 아직 죄가 남아 있기 때문이다. 그러므로 웨슬레는 모든 신자를 향하여 온전한 성화 즉 그리스도인의 완전으로 나가자고 권고했다. 그러면 웨슬레가 말하는 그리스도인의 완전이란 무엇인가?

그리스도인의 완전이란(어떤 사람들이 생각하는) 무지도 없고, 실수도 없으며, 연약성도 없고, 유혹도 없는 것을 말하는 것이 아니라, 성결이란 말을 달리 표현한 것뿐입니다. 따라서 거룩한 자는 누구든지 성서적 의미에서 완전합니다. 이런 면에서 이 땅에서는 절대적인 완전이란 없으며, 계속적인 성장을 허용할 여지가 없는 그런 완전이란 있을 수 없습니다. 그런 까닭에 어떤 사람이 설사 어느 정도에 도달했든지 혹은 어느 정도 완전해졌다 하여도 그는 아직도 은혜 안에서 자라가야 할 필요가 있는 것입니다. 그리고 매일 매일 구주이신 하나님의 지식과 사랑 안에서 전진할 필요가 아직도 있는 것입니다(Wesley, 1976:144).

따라서 그리스도인의 완전이란 죄가 없어진 상태가 아니라 죄를 극복한 상태라고 할 수 있다. 이것은 절대적인 완전을 의미하는 것이 아니라 계속해서 성장해야 할 여지가 남아 있는 동기에서의 완전 곧 의도의 순수성을 의미한다.

그것은 의도의 순수성(purity of intention)이요, 생 전체를 하나님께 바치는 것입니다. …… 온갖 더러움과 모든 내적, 외적 불결을 탈피하는 마음의 할례입니다. …… 온 마음을 다하여 하나님을 사랑하고 이웃을 제 몸과 같이 사랑하는 것입니다 (Wesley, 1981:27).

그리스도인의 완전 상태는 순간순간 주를 의지하는 그리스도 중심의 생활에서만 유지되는 것이다. 성결한 신자라 하더라도 그의 삶의 과정에서 발생하는 무의식적인 죄 때문에 그리스도의 대속의 보혈이 순간순간 필요하다는 것이다. 대제사장인 그리스도를 순간순간 의존함(moment by moment trust in christ)으로써 성결된 상태를 계속 유지하며 성장해야 한다.

웨슬레에게 있어서 성화의 과정은 구원의 과정이며, 완전을 향해 성장해 가는 과정이다. 구원의 과정은 은총에 대한 회개, 믿음에 의한 의인, 신생에 의한 초기성화, 점진적인 성화를 거쳐 온전한 성화 즉 온전한 구원까지 이른다. 웨슬레는 구원을 이해함에 있어서 하나님의 은혜뿐만이 아니라 인간의 역할을 강조했다. 따라서 그의 성화론은 신앙지상주의에 빠지지 않고 인간의 윤리적 책임이 따르는 구원론이라고 할 수 있다. 이러한 특성이 웨슬레로 하여금 사회책임적인 사회복지실천을 하게 하였다.

따라서 전통적으로 인간의 죄를 개인의 내면이나 관계의 관점에서만 논의되었는데, 이제는 대 사회 ― 사회, 정치적 죄 ― 에 관해서도 인식할 필요가 있다. 과거의 신학은 교리(dogma)를 만들어 교조적인 가치관에 따라 인간상을 만들었다. 그러나 이제 신학은 인간과 사회변화 속에 성육화되어야 하며, 기독교 가치관에 따른 복지사회 실현을 인식할 필요가 있다(아키이에. H, 니노미야, 전광현 역, 1999:21).

Ⅳ. 요한 웨슬레(John Wesley)의 사회복지 사상과 교회 사회복지 실천

웨슬레의 사회복지사상의 실천은 그의 성화신학의 열매인 이웃 사랑에서 완성된다. 웨슬레의 구원론은 하나님의 선행적 은총에 힘입어 역사 속에서 완전(성결)에 이룰 수 있다고 보았기에 사회복지적, 사회개혁적 실천을 기독교 신앙의 궁극적인 목표로 보았다.

1. 웨슬레의 사회복지 사상

가. 성화신학과 사회봉사

웨슬레의 성화신학은 루터의 신앙의인화 신학에 철저히 근거하면서도 칼빈의 성화신학적 요소를 더욱 발전시켰다. 그의 성화신학은 칼빈의 성화신학보다 더욱 행동주의(activism)를 강조하고 있는데, 그 이유는 복음적 신인협동설(evangelical synergism)에 기초하고 있다. 칼빈은 이 땅에서 그리스도인의 완전은 이루어질 수 없는 것으로 보고 있는 반면 웨슬레는 성화의 완성(perfection, entire sanctification)을 이 땅에서 죽기 전에 체험할 수 있는 것으로 해석한다. 그 이유는 인간의 죄악성의 깊이로는 불가능하지만, 하나님의 은총의 높이가 크시기에 지상에서 완전이 가능하다고 믿는다. 그러나 절대적인 완전은 죽음 후에 영화(glorification)에서 이루어진다. 왜냐하면 지상의 완전은 의식적인 죄(voluntary sin)는 범하지 않지만, 무의식적인 죄(involuntary sin)의 가능성인 무지(ignorance), 실수(mistake), 유혹(temptation), 연약(weakness)의 상태는 남아 있기에 상대적 완전이다. 그리고 완전은 정착된 상태가 아니고 계속적인 과정(continuous process) 속에 있다는 것이다(John Wesley, 1985).

칼빈의 성화는 하나님이 성령을 통하여 인간 속에서 행하는 행동으로 인간은 노예에 불과하다는 것이다(John Calvin, institutes Ⅱ,iii, 14, 1983). 그러나 웨슬레의 성화는 하나님의 성령이 먼저 역사하지만, 인간의 자유의지의 응답으로 신인협동 성화가 이루어진다고 본다. 신앙의인화는 그리스도의 십자가 은총으로만 이루어지고 그와 동시에 일어나는 거듭남 역시 성령의 내재의 은총으로만 되어지지만, 성화는 믿음(하나님의 선물)과 사랑(인간의 선행적 참여)으로 이루어진다(김홍기, 1995:30).

인간의 선행을 가능케 하는 자유의지는 본성적으로 갖고 태어나는 것이 아니라 선재적 은총(prevenient grace, gratia praeveniens)으로 주어지는 것이다. 펠라기우스나 중세가톨릭의 반펠라기우스주의(semi-pelagianism)의 자유의지론-본성적으로 자유의지를 갖고 태어난-과 다르다. 인간은 모두 원죄를 갖고 태어난다. 그러나 성령의 선재적 은총으로 인하여 부분적으로 자유의지가 회복되었다고 웨슬레는 해석한다. 이 선재적 은총은 자유의지뿐만 아니라 양심과 종교성으로도 나타난다. 그러나 선재은총으로 구원받는 것은 아니다. 선재은총은 구원을 향해—은총을 향해—마음의 문을 열 수 있는 것을 뜻한다. 구원의 은총을 사모하는 마음을 뜻한다.

웨슬레의 행동주의 신학은 루터주의 경건운동파인 모라비안 교도들의 센터인 Hemhut을 방문한 후, 루터적 모라비안주의의 신앙지상주의(solafideism), 정숙주의(quietism), 전가적 의인화(imputed justification), 율법폐기론적 경향(antinominianism)을 비판하였다. 웨슬레는 그의 설교 "하나님의 포도원"(on God's vineyard)에서 루터의 구원론을 비판한다. 웨슬레는 루터가 갈라디아서 강해에서 성화에 무관심하였다고 비판하면서, 루터는 의인화만을 강조하다가 성화에 관심이 없었고, 로마 가톨릭은 성화를 강조하다가 의인화에 무관심했다고 지적한다(John Wesley, works, Ⅶ, 204).

루터는 선행은 의로워진 크리스천의 자동적 결과로, 좋은 나무에서 좋은 열매가 저절로 맺히듯이 신앙으로 의롭다 함을 얻으면 선행의 열매는 저절로 맺힌다고 해석하였다(Martin Luther, 1974: 34-35).

그러나 웨슬레는 선행과 사랑은 저절로 맺히는 열매가 아니라, 인간의 자유의지적 참여에 의해 신인협동적으로 이루어진다고 해석한다. 그래서 루터는 로마서를 강조한 나머지 야고보서를 지푸라기 복음이라고 평가절하를 하였으나, 웨슬레는 로마서의 신앙과 야고보서의 선행을 모두 중요하게 여겼다. 웨슬레가 해석하기를 로마서가 말하는 아브라함의 믿음은 75세 때 갈대아 우르를 떠날 때의 믿음이요, 야고보서가 말하는 아브라함의 행함은 그 후 25년 후에 낳은 아들 이삭을 제물로 바칠 때의 행함을 뜻한다고 설명하였다. 즉 야고보서의 행함은 로마서의 믿음을 전제한 행함이지 믿음 이전의 선행이 아니다(John Wesley, works, Ⅷ, 277).

웨슬레의 표준설교 44편 중 13편의 산상수훈 설교는 그의 성화신학을 잘 표현해 주고 있다. 산상수훈을 성화신학의 기준으로 생각한 것은 칼빈의 율법이해와 상통한다. 칼빈은 루터보다 율법을 적극적으로 이해했다. 루터는 율법의 제1용법, 즉 죄를 깨닫게 하는 역할과 제2용법, 즉 공공질서를 어지럽히는 악한 무리들을 다스리는 공민법적 역할만을 강조하였다. 그러나 칼빈은 율법의 제3의 역할로서 성화생활의 채찍질과 선행을 말한다. 곧 율법을 통해 자아부정과 영성훈련을 실천함으로써 더욱 경건한 성화생활을 촉구한다. 문제는 칼빈의 선행-율법을 준수하고 복종하는 행동-은 성령의 역사이며, 인간은 다만 노예 신세일 뿐이다. 그러나 웨슬레의 선행이해는 성령의 역사와 인간의 자유의지의 적극적인 참여로 이루어진다. 웨슬레의 구원론은 단지 신앙 의인화에만 국한되지 않고, '사랑으로 역사하는 믿음'에 의한 성화로 발전된다. 이 성화는 개인적일 뿐만 아니라 사회적이다. 웨슬레는 신앙의 본질(essence)은 내면적(inward)이지만 신앙의 증거(evidence)는 사회적(social)이라고 강조한다(김홍기, 1995:34-35). 웨슬레는 사회적 성화가 아닌 성화는 모른다고 말하며 사회적 종교 아닌 기독교는 모른다고 말한다(works, Ⅴ, 1986:296; Ⅷ, 299). 웨슬레는 기독교를 은둔자의 종교, 기도하고 명상하는 종교로 만드는 것은 기독교를 파괴시키는 행위로 보았다.

웨슬레 신학자 알버트 아우틀러(Albert Outler)는 수직적이고, 내면적인 구원만을 강조하고, 개인적 성화만을 강조하는 것은 불건전한 복음주의(unhealthy evangelism)라고 말했다. 그러나 개인적 성화와 사회적, 수평적, 외향적 성화를 모두 강조하는 것은 건전한 복음주의(healthy evangelism)라고 해석하면서 웨슬레의 사상은 건전한 복음주의라고 강변한다(Albert Outler, 1971:25)

하나님의 사랑을 받은 인간은 하나님의 정의, 자비 및 진리의 대행자이다. 그래서 새 창조의 영이신 하나님의 창조 사역에 동참하여 이 세계를 신의 의도와 목적에 따른 새로운 세계로 변혁시키는 책임적인 주체가 된다.

웨슬레는 그리스도인의 완전을 개인적 차원에서 사회적 차원으로 연결시키는 데 있어서, 하나님의 사랑(믿음)과 이웃 사랑(선행)의 관계가 분리될 수 없다고 주장하였다. 따라서 사회봉사(social service)는 신앙의 증거(evidence)이며 성화(성결)의 열매를 가능케 하는 사랑(계명)의 실천으로 보았다. 행함이 없는 믿음은 죽은 것이요, 사랑의 에너지로 채워지는 믿음 ─ 사랑으로 역사하는 믿음 ─ 이 산 믿음인 것이다.

나. 사회성화와 사회복지

웨슬레의 사회적 성화는 성육신적 요소(incarnational factor)로서 세속성으로부터 분리된 성별의 힘을 갖고 세속을 찾아가는 성육신적 참여, 곧 사랑의 적극적 행위를 세상 속에서 실천하여 세상의 빛과 소금이 되는 것이었다.

웨슬레가 사회사업(social works)을 하던 18세기 영국은 산업혁명의 결과로 급격한 산업화 과정을 겪고 있었다. 공유지의 사유화 법령(enclosure acts)의 제정으로 농토가 소수의 지배계층의 손으로 넘어갔고, 가난한 농민들은 대부분 농노의 지위로 신분이 격하되었으며, 이에 따라 많은 농민들이 농촌을 떠나 도시로 몰려들어 도시 빈민층을 이루게 되었다(이원규, 1988:61). 더구나 산업기술의 발달은 가내공업에 종사하던 이들마저 파멸시켰다. 이들은 이제 미숙련 단순 노동자로 전락하여 열악한 작업조건과 환경에서 비참하게 살았다. 사회계급 피라미드에 있어서 대지주들, 높은 관리들, 부자가 된 무역상들이 정점에 있었고, 다음에 장인들, 기술공이 있고, 그 아래로 빈민들이 있어서 계급의 격차가 현저했다. 특히 하류 민중 계층은 비정규적 노동에 의존하여 가난 속에서 비참하게 살았고, 영양실조와 굶주림은 그들의 일상사가 되어버렸다(Ray A. Sturm, 1982:31-40). 노동자들은 15시간이상의 중노동에 비하여 낮은 임금으로 어려움을 겪는 반면에 고용주들은 끝없는 욕심과 경쟁심으로 그들을 착취했다. 상류층의 호화스럽고 사치스러운 삶에 비교해 볼 때 가난한 이들은 처참한 주거환경에다 온갖 질병에 시달렸다. 이러한 현상은 도시 빈민이나 농민이나 마찬가지였다.

산업혁명으로 제조업과 무역이 신흥 부유층을 만들었고, 이들과 정치인들이 결탁하여 노동자들의 안전이나 보상은 외면한 채, 억압과 착취에만 골몰하여 가난한 노동자들이 겪는 고통은 처참한 지경이었다. 부와 가난이 양극화된 사회, 즉 소수의 지배계급과 다수의 피지배계급으로 양극화된 사회가 18세기 영국의 사회였다. 경제적 불평등은 곧 사회적 무규범의 상황을 초래하였다. 상류층은 사치와 방탕으로 세월을 보내고 있었고, 소외된 계층들은 희망을 상실한 채 도박, 음주, 폭력 등의 무질서한 삶을 살며 자포자기하고 있었다. 불만과 불신이 극도로 팽배하여 그 억압감정이 폭발할 직전이었다(이원규, 1988:62). 이렇게 하층민중들 사이에서는 렉키(Lecky)가 '혁명의 가장 위험한 징후'(the most dangerous symptoms of revolution)라고 표현했던 상황이 도래하고 있었다(W.E.H, Lecky, 1878:692-693). 마르크스적인 용어로 표현하자면 양극화된 계급 갈등이 계급투쟁과 혁명을 초래할 만큼 심각한 지경에 이르렀었다.

그런데다가 영국교회 역시 시대적 위기를 외면한 채 신앙의 열정을 잃어버렸고, 되레 상류층의 착취에 동조했으며, 성직자들은 가난한 자들을 감싸기보다는 가진 자들 편에서 자기들 방어에 급급했다(Sturm, 1982:44).

이러한 절망적인 상황에서 사회적 책임감을 느낀 웨슬레는 가난한 사람들을 찾아가서 구제하며 그들도 삶의 가치가 있음을 강조하는 희망의 메시지를 전했다. 웨슬레는 영혼을 사랑하는 복음주의자였으며 경건주의자였다, 그리고 그는 사회복지가였다. 그러나 그의 사회개혁운동은 혁명이나 투쟁을 통해 가능하다고 보지 않았고, 하나님의 사랑을 토대로 한 점진적인 변혁을 통해서 가능하다고 보았다.

웨슬레는 그 자신이 온건 개량주의자였다. 영국사회와 교회의 체제 자체를 부정하고 그것을 뒤집어 새로운 질서를 가져오는 것이 아니라 체제 내에서의 변혁 운동의 확산을 통해 영국사회와 교회의 개혁을 추구했다. 그의 많은 설교와 사회복지 실천은 문제 해결을 위한 실마리를 제공하였다.

이것은 웨슬레의 성화신학인 완전과 사랑에 잘 나타나 있다. 그는 회심과 구원은 사회로 확대되어야 한다고 보았다. 그래서 "기독교의 복음이 사회적 종교가 아닌 종교는 알지 못하며, 사회적 거룩함이 아닌 거룩함은 알지 못한다."고 말했다. 웨슬레에게 있어서 개인적인 성결은 사회적 성결로 점진적 파급이 되어야 한다고 보았다. 그것은 하나의 상태가 아니라 하나의 과정이며, 정적인 것이라기보다는 역동적인 것이다. 즉 기독교인의 완전에 대한 추구는 사회로부터 고립되어 추구하는 것이 아니라 사회의 한 가운데서 추구되어져야 한다는 것이다. "기독교는 본질적으로 사회적인 종교이다. …… 기독교를 고독한 종교로 만드는 것은 기독교를 파괴하는 것이다"(Wesley, vol V, 1958:296)라고 말했다.

웨슬레는 기독교인들이 세상으로부터 자신을 분리시키는 것을 반대한다. 그는 세상의 소금이 되라는 소명을 성취하기 위해서는 세상에서 벗어날 수 없다고 말한다. "당신 주위에 있는 모든 것을 맛있게 하는 것이 바로 당신의 본분이다……. 이것은 바로 하나님의 섭리가 당신과 다른 사람들을 섞어 놓음으로써 하나님이 당신에게 주신 모든 은총이 당신을 통해 다른 사람들에게 전달될 수 있도록 하신 이유인 것이다."(Wesley, vol V, 1958:299).

따라서 행위가 따르지 않는 경건은 하나님의 구속행위 안에 있는 근원으로부터 소외되는 것이다. 성화 혹은 기독교인의 완전은 행위로 표현되는 능동적인 사랑의 현존인 것이다. 그래서 웨슬레는 선행을 믿음의 열매라고, 교회는 행동으로 규정된다고 주장했다. 그는 인간의 복지(humans welfare)에 대한 사회책임성을 말하면서 "믿음은 그 자체가 목적이 아니라 목적에 대한 한 수단이며 믿음은 사랑하기 위해 있다."(Wesley, 1787:45)라고 역설했다. 다른 사람들을 향한 선한 의지와 그들의 복지적 향상을 위한 실천적 봉사(service)를 강조함으로 그는 복음의 사회적 의미를 제시했다. 카메론(Cameron)은 이것을 '사회적 책임의 침투적 의미'(Richard M, Cameron, 1961:34-35)라고 부른다.

웨슬레에게 있어서 믿음은 사랑의 실천으로 드러나야 한다. 사회의 모든 부조리와 모순, 악과 불의를 이길 수 있는 힘은 사랑이며 그것은 변혁의 실천으로 이어져야 한다는 것이 웨슬레의 성화신학이다. 개인과 사회변혁은 성화교리의 특성이며 웨슬레의 복음적 구원 이해이다. 다시 말하면 웨슬레의 관심은 정통주의(orthodoxy)의 교리가 아니라 실천(orthopraxis)이었다. 웨슬레는 가난의 문제, 실업의 문제, 사회복지, 직업윤리, 사회구제와 봉사, 제도의 개선, 도덕적 생활 등 다양한 사회적 주제들을 논의했고 변혁을 위한 구체적인 실천을 전개하였다.

그러나 우리의 신학은 어떠한가? 삶이 없는 신학이 아니던가, 신학(text)은 고고하되 신문(삶의 정황, context)이 없지 않는가? 이제 칼 바르트(Karl. Barth)가 말한 것처럼 한 손에 성경을, 한

손에 신문을 들어야 하지 않겠는가? 신문 목회를 해야 하지 않는가? 삶의 문제를 배제하고 영적인 삶만을 주장하여 교회와 사회 간에 심각한 양극화 현상을 초래하지 않았는가? 과연 영적인 접근만으로 다양화한 인간의 문제를 해결할 수 있다고 보는가? 결코 그렇지 않다. 영적인 치료만으로 인간의 모든 문제가 치유되었다고 말할 수 없을 것이다. 교회의 본질적 기능 중 하나인 사회복지적인 전문적 접근이 요청된다고 본다. 이유는 사회복지는 신학의 파트너이기 때문이다(최성규, 2003:221-224). 그리스도의 사역은 말씀의 선포(케리그마)와 섬김(디아코니아)의 삶이었다.

신학과 사회복지는 새의 양 날개와 같다. 새는 어느 한쪽 날개만으로 날 수 없다. 전도만으로 사회를 치료하기를 고집한다면 의사는 있으되 도구 없이 수술을 하겠다는 것과 다를 바 없으며, 또 사회적 책임만을 강조하고 복음을 소유하지 않는다면 그물 없이 고기를 잡겠다는 것과 무엇이 다를 것인가? 또 인간의 존엄성, 자기 결정권, 균등한 기회, 사회적 책임을 강조했으나 이것만으로는 인간의 문제를 전체적으로 그리고 포괄적으로 다룰 수 있다고 보지 않는다. 인간의 삶이란 이러한 사회적, 정신적 요소 외에도 영적인 부분이 대단히 중요하기 때문이다. 이러한 면에서 현대 사회복지는 인간의 문제를 능동적으로 대처하지 못한다는 비판과 한계를 가진다.

신학과 사회복지는 그리스도 안에서 완벽하게 맺어진 부부이다. 결국 사회복지는 하나님의 의도를 이 땅에 구현하기 위해 그리스도의 정신과 삶을 바탕으로 한 도구이며, 수레의 두 바퀴와 같다.

다. 웨슬레신학과 사회구조변혁

웨슬레 신학은 성서적인 성화를 출발점으로 하여 그것을 확장하려는 데 있었다. 가장 성서적인 의미에서 성화는 하나님과 이웃을 향한 순수한 사랑이다. 왜냐하면 사랑이 없이는 성화가 불가능하기 때문이다. 웨슬레의 성화는 정치, 경제, 사회, 문화와 무관한 개인의 영혼만이 정결하면 그만이라는 성화가 아니다. 인간의 영적인 면과 육적인 면을 분리할 수 없는 것처럼 종교운동을 정신운동으로만 한계를 두는 것은 웨슬레에게는 불가능한 일이다.

물론 웨슬레의 일차적인 관심은 영혼구원에 있다. 그렇지만 그의 성화사상은 그리스도인의 사회적 책임에 대하여 매우 적극적인 관심을 가지고 사회에 대한 책임을 강조했고, 이웃에 대한 사랑을 강조했다. 그는 기독교는 사회적인 종교로서 사회를 새롭게 변혁할 책임이 있음을 주장한다.

웨슬레의 사회변혁운동은 개인 구원과 변화로부터 시작한다. 개인의 변화가 사회의 변화로 이어져야 한다고 보았다. 사회에 관심이 많은 웨슬레는 건강과 청결, 가난과 실업, 교육의 결핍 등과 같은 사회복지(social welfare)에 관심을 가졌다. 따라서 웨슬레는 사회변혁에 앞장섰다. 구체적으로 실업자들의 일자리 창출을 위한 공장과 신용조합 운영, 무료 진료소 개설, 고아원, 구빈원, 학교 등을 설립하여 사회복지에 온 힘을 기울였다.

정치적으로는 농민들을 무산계급으로 만드는 것을 비판했고, 노예 제도의 폐지를 위한 서명운동과 상속법 시정을 정부에 요구하는 등 사회제도적 변혁을 위해서 부단히 활동했다.

웨슬레의 사회복지(social welfare) 사상은 성화신앙의 꽃인 성결의 성육신적인 실천으로부터 출발한다. 웨슬레의 사회복지(social welfare) 사상에는 개인적 성화와 사회적 성화를 통하여 살맛나는 세상으로 만들어 보자는 사회적 개혁주의 사상(social reformism)이 내포되어 있다.

웨슬레의 사회개혁운동은 당시 도덕적 타락과 부패가 편만해 있던 개인과 사회를 향해 그리스도를 통한 구원받은 자의 능력(성결)을 실재화하는 과정으로서의 열매였다.

도덕적인 위기가 개인의 왜곡된 사상과 행동에만 있는 것이 아니라, 제도적인 문제로부터 오는 계층간의 갈등구조에서 기인한다. 그 갈등은 주로 경제적인 불평등에 있다고 볼 수 있다. 그 갈등의 해소 방안이 사회과학적으로 제시될 수도 있겠으나 우리의 관심은 갈등 극복이 신앙적 관점에서 고려되어야 하며, 이것을 통한 교회의 사회적 책임이 재확인되어야 한다. 하나의 구체적인 대안으로 웨슬레의 사회성화신학과 그 실천에서 찾을 수 있다.

웨슬레 당시 계층간에 갈등의 근원은 경제정의의 부재였고, 이것은 사회의 부도덕성과 관계되어 있었다. 소수 지배층은 물욕에 빠져 억압과 착취를 일삼았고 사치와 낭비에 젖어 있었다. 그러나 다수의 하층민들은 가난과 질병에 시달리며 무기력해져 있었다. 한편 서서히 저항의식이 생겨나는 첨예한 대립은 상극의 갈등관계였다. 지배계층은 경제적 수단을 가지고 있었기 때문에 모든 정치적 권력, 사회적 지위, 그리고 이념까지도 독점하면서 힘에 의해 자신들의 계급이익을 극대화하려고 했고, 기득권을 유지하려고 했으며, 바로 이것이 계층 간의 갈등의 결정적인 원인이 되었다. 이 문제에 대한 웨슬레의 처방은 하층민의 혁명적 투쟁을 통한 체제전복이 아니라 밑으로부터 위를 향한 점진적인 변혁운동의 확산이었다.

웨슬레는 우선 모든 사람들에게 직업의 소명의식을 불어넣어 줌으로 청지기적인 직업 윤리관을 확립하도록 했다. 그의 전도 대상은 빈민들, 노동자들, 광산 광부들, 농부들, 산업지역의 직조공 등 천민들이었다(Werner Stark, 1967:23). 웨슬레는 신앙을 통해 적극적으로 사회생활을 하도록 권고했다. 희망과 의욕을 불어넣어 주면서 밑바닥 생활에서 위로 향하는 노력을 하도록 요구했다.

웨슬레는 '너희 부르심에 가능한 부지런 하라. …… 무엇이든지 네 손이 할 일을 찾는 대로 최선을 다하라, 그것을 가능한 빨리 하라! 지체하지 말라! 오늘 할 수 있는 일을 내일까지 미루지 말라, 그리고 가능한 한 잘 해라. 그것이 수고와 인내로 될 수 있는 일이라면 그 일을 미완성으로 남겨 놓지 말라'(Richard M. Cameron, 1961:67)고 권고하였다. 좌절하지 말고 주어진 상황에서 희망과 용기를 가지고 열심히 살 것을 권면함으로 정신적으로 자신감을 갖게 했다.

직업적 소명의식에 더하여 웨슬레는 사치와 낭비를 버리도록 경고했는데, 이것은 특히 부유층을 위한 질책이기도 하다. 가진 자들의 탐욕과 허영심이 계층 간의 위화감을 조성하고 있음을 간파한 것이다. 웨슬레는 그의 추종자들에게도 음식, 의복, 가구의 모든 사치와 낭비를 금했고 재화는 자기만족을 위해 사용해서는 안 되고, 하나님의 영광을 위하여 사용해야 하며 인간은 그것을 적절하게 사용하도록 위임받은 청지기라는 신앙을 거듭 강조하였다.

> 주 예수의 이름으로 간청하노니 여러분의 소명의 부름에 따라 행동하라! 더 이상 게으르지 말라! 유행이나 육체가 요구하는 모든 경비를 절약하라! 탐욕을 버려라! 그러나 모든 사람들에게 모든 가능한 선을 행하라!(Wesley, sermons, 440)

웨슬레가 가르쳤던 근면과 검소는 기업에서 필요한 경제적 덕목들이었다. 그의 가르침에 따른 메소디스트들의 금욕주의적 실천은 영국의 근대 자본주의 형성에 영향을 주었다(Marx Weber, 1958).

직업의 소명의식에 따른 근면과 검소한 생활은 곧 사랑의 실천으로 이어져야 한다고 웨슬레는 강조한다. 근면과 성실, 절제와 검소한 생활로 얻어지는 것은 개인적인 탐욕을 채우는 것이 아니라 다른 이들의 필요를 공급하기 위해서 중요하다는 것이다. 그래서 웨슬레는 '할 수 있는 대로 많이 벌어라, 할 수 있는 대로 많이 저축하라, 그리고 할 수 있는 대로 모든 것을 주라'(works, vol Ⅶ, 317)고 권면한다. 이것은 사재(私財)이기보다는 공재(公財)라는 개념이다. 그러나 재화 획득에 있어서 육체적으로나 정신적으로 이웃에게나 자신에게 해를 끼쳐서는 안 되고 정당한 방법으로 돈을 벌어야 한다는 것이다(sermons, 440). 남을 헤치거나 속이면서 부를 축재하거나 착복하는 부정과 불의를 배격한 것은 수단과 방법을 가리지 않고 부를 축재하는 지배 계층을 염두에 둔 경고성 권면이다.

둘째는 조직적으로 사회봉사(social service)와 구제를 통하여 어려운 이웃을 돕는 것이다. 웨슬레는 돈, 의류, 식량, 연료, 및 생활 필수품을 모아 가난한 이들에게 나누어주는 일을 게을리하지 않았다. 그러나 가난한 이들의 자립, 자조를 위해서는 무엇보다도 일자리가 필요했다. 그래서 그들의 일자리를 알선해 주기도 했고, 마련하기도 했다(Journal, vol 7, 42-43). 더 나아가 자선단체를 만들고, 사회복지(social welfare) 시설을 설립, 운영하였다(Eric M. North, 1914:119). 무료 의료시설(의료복지) 및 탁아소(아동복지), 양로원(노인복지), 고아원, 구빈원 등이다(Cameron, 63-64). 그리고 가난하여 학교에 가지 못하는 아이들을 위하여 주일학교(교육사업)를 운영했다. 이렇게 인도주의적인 개혁방법을 통해 이웃사랑의 희생과 봉사, 헌신의 구체적인 열매들을 맺혔다. 웨슬레는 성화신학을 통하여 사회적인 사랑이 조직적으로 적용된다면 사회질서가 완전해지리라고 생각하였다.

셋째로 제도의 변화이다. 이는 분배 정의를 확립하기 위한 제도의 개선을 의미한다. 실제로 웨슬레는 토지의 지나친 사유화와 독점을 법적으로 통제해야 한다고 주장했다. 또한 노동자의 인권을 유린하고 착취하며 억압하는 비인간적인 행위는 중단되어야 한다고 촉구했다(works, vol XI, 72-74). 나아가 정경유착을 유발시키는 부정선거제도의 철폐를 외쳤고(Cameron, 56), 세금 문제에 있어서는 하류층의 세금과 채무는 감면되어야 하며, 그들을 위해서 식량, 생활필수품의 가격이 하락되어야 한다고 주장했다. 뿐만 아니라 부의 상속을 반대하여 상속법의 시정을 촉구했다(works, vol Ⅵ, 132-133). 무엇보다 계급 차별의 철폐를 촉구했으며, 자신이 하류층 사람들을 종교운동에 중심적인 역할을 감당하도록 일을 맡겼다.

이렇게 사회변혁을 주창하면서도 그는 기존 사회체제를 거부하지 않았다. 웨슬레는 제도는 인간이 만든 것이기 때문에 변혁이 필요하다고 믿었고, 점진적이며 변혁적인 해결 방법을 선택했다. 체제가 바뀐들 그 자체를 움직이는 사람들이 똑같다면 무슨 변화가 가능하겠는가? 그래서 웨슬레는 체제의 변혁에 앞서 사람의 변화를 통한 점진적인 사회변화를 바라다 본 것이다. 웨슬레는 분명 개혁자였지만 혁명가는 아니었다. 이는 생존의 삶의 자리를 위한 상생의 조화관계를 통한 문제해결 방법이었다.

웨슬레의 사회실천은 유혈혁명을 예방하는 효과도 있었다고 한다. 렉키는 웨슬레의 부흥운동이 프랑스의 유혈 혁명을 종교운동, 사회운동으로 전환시켰다고 말한다. 헤일(Hale)도 18세기 웨슬레 부흥운동과 사회운동이 중산계급과 노동계급 사이의 연계를 맺게 해서 폭동을 막았다고 주장한다.

웨슬레의 사회성화신학과 실천은 대립이 아닌 공존 즉 상류계층은 절제하여 자신의 부를 사회에 환원하고, 하류계층은 최선을 다해 노력함으로 점차 계층 향상이 이루어지는 상생의 삶을 추구하여 하류층의 중산층화를 초래하였다(H. Richard Niebuhr, 1957:43-45, 55-56, 71-72). 물론 중산층화 하면서 생겨날 수 있는 부정적 결과를 인식하고 있었던 웨슬레는 중산층화를 신화화(mythification)하지는 않았다.

라. 사회복지 이념으로서의 경제개혁

웨슬레의 사회복지 이념은 구원받은 자의 성육신적 사회참여이며, 이는 완전한 성화로 나아가는 성결과 사랑의 열매이다. 그리스도인의 완전을 개인적 차원에서 사회적 차원으로 연결시키는 응용에 웨슬레는 하나님 사랑과 이웃 사랑을 분리할 수 없다고 강조했다. 웨슬레가 말하는 사랑의 대상은 모든 사람을 포함한다. 그의 성화신학의 전제인 사랑이 어떻게 경제적 체제를 조명하고 해석될 수 있었을까? 그의 경제적 관심에 대한 이해는 그리스도인의 완전개념 안에서 해석해야 하며, 사랑의 이해 안에서 보아야 한다. 왜냐하면 사랑의 개념 안에서, 웨슬레의 그리스도인의 완전의 개념이 나왔기 때문이다. 웨슬레의 그리스도인의 완전사상이 영향을 끼쳐 정치, 경제, 사회, 문화적 변혁을 가져오는 동기가 되었다.

웨슬레가 가졌던 사회적 책임인 경제적인 문제는 우선 빈곤에 대한 것이었다. 빈곤의 원인으로 당시 만연해진 실업상태를 들었다. 실업상태는 물가상승을 부추겼고 사회적 갈등을 초래하였으며 이는 잘못된 국가정책이 원인이었다(John A. Falnkner, 1918:15).

웨슬레 당시 계층 간의 갈등의 뿌리는 경제정의의 부재였으며, 기득권자들의 부도덕성과 관계되어 있었다. 사치와 낭비에 젖어 있던 소수 지배층과 가난과 고역, 질병에 시달리며 서서히 저항 의식이 싹트던 하류계층 간의 대립은 상호 갈등을 유발시켰다.

웨슬레는 이러한 갈등 관계의 경제적인 변혁을 위해 청지기적인 소명의식을 불어넣음으로 지상의 하나님 나라 실현을 나눔과 정의로 이해하였다.

그의 설교 "danger of increasing riches", "on riches", "the rich man and Lazarus", "use of money" 등을 보면 당시의 만연된 사회적 불평등과 그로 인한 파생된 결과들을 인식할 수 있다. 웨슬레가 가난과 실업에 관한 원인들을 분석하여 집필한 "현재의 생필품 부족에 대한 판단"(thoughts on present scarcity of provisions)이라는 논문에 경제적인 불의의 상황과 원인들을 분석하여 나름대로 해결 방안을 제시하고 있다. 첫째, 실업과 생필품의 품귀현상, 화주양조회사와 부자들의 말먹이를 위한 식량의 낭비 등이다. 한 해의 곡식 수확량의 절반을 주조업자들이 술을 만드는 데 소비하고 있다고 비판했다.

그로 인한 생필품의 가격, 특히 식량의 가격이 폭등함으로 상품과 용역이 구매되지 않고 있기 때문에 고용이 감소되어 실업 대란이 야기되고 있다고 주장했다(the works, XI, 54-55).

둘째, 소작농의 땅을 흡수 통합하여 독점하는 대농들의 횡포를 비판하였다. 열 개, 스무 개로 나뉘어져 있던 소작농들이 대형 농장으로 통합되어 수요가 소작농일 때의 공급에 미치지 못하므로 돼지고기 값, 계란 값이 상승되었다고 하였다. 왜냐하면 부자들이 생산물을 줄이면서 곡식 값의 상승을 조작하였다. 귀족들의 사치로 인하여 말의 수요가 4배가 증가하여 귀리가 품귀해졌고, 소나 양을 기르던 농부들이 말을 기르므로 소고기와 양고기의 값이 상승하였다.

셋째, 낭비와 소비가 많은 정부의 부채를 충당하기 위하여 부과된 과중한 과세에 원인이 있다는 것이다. 식량부족으로 나라 전역에 수천 명의 사람들이 굶어 죽어가고 있는 데도, 그들에게는 높은 세금을 징수하고 부자들에게는 낮은 세금을 부과하는 정부의 정책에 대해서 비판하였다. 웨슬레는 부자들에게 높은 세금을 부과하고, 수출되는 말과 상류층의 마차에 세금을 높게 책정하여 사치와 낭비를 근절시켜야 한다고 주장하였다(works, XI, 57). 이는 사유재산의 사회적 책임에 대한 촉구이다.

이와 같이 웨슬레는 상류층에게 특혜를 주는 정부의 정책을 비판하면서 부자들의 사치와 낭비를 근절시키고 고용체제의 개혁, 식량과 생필품 가격의 인하, 화주양조업 금지, 가난한 이들을 위한 세금 과세 인하조치를 촉구하였다. 사회정의가 강같이 흐르는 지상의 하나님나라 실현을 위해 사역하는 것이 그의 복음적 사회참여 운동이며, 교회 사회복지의 이념으로서의 경제개혁이었다.

2. 웨슬레의 교회 사회복지 실천

웨슬레의 성화신학은 하나님의 사랑과 이웃을 향한 사랑이다.

하나님의 사랑인 선행적 은총에서 낙관주의인 이웃을 향한 사랑이 싹 트게 되고, 구원받은 자의 열매는 이웃에게 선을 행하는 것이다. 웨슬레의 신앙은 수도원적 도피신앙이 아니라 이웃 사랑을 실천하는 신앙이었다. 웨슬레의 일차적인 관심은 영혼구원에 있지만 그것은 세속과 사회에 대하여 무관심한 것이 아니라 오히려 적극적 관심을 가지고 참여하는 것이다. 웨슬레는 기독교는 본질적으로 사회적인 종교이며, 기독교를 고독한 종교로 만드는 것은 기독교를 파괴하는 것이라고 생각하였다(Wesley, Works I, 533-534). 그래서 개인의 구원에만 국한시키지 않고 사회의 구원으로까지 확장시켰다. 웨슬레는 교회가 복음만 설교할 것이 아니라 정치와 경제 등 사회적 제반 문제에 참여할 필요가 있다고 보았다. 그는 메소디스트 교인들에게 사회문제에 적극적으로 참여할 것을 권고하였다.(노로 요시오, 1993:572) 특히 웨슬레는 사회의 소외 계층과 가난한 자들의 복지(welfare)를 위하여 그리스도의 사랑을 실천하면서 사회적 문제에 큰 관심을 가졌다.

사실 웨슬레의 사회적 관심은 올더스케이트 회심 이전에 옥스퍼드 대학교 신성구락부(holy club) 시절부터라고 할 수 있다. 미스터 모올간(Mr. Molgan)의 제안에 따라 감옥을 방문하고, 병자를 찾아 방문하며, 죄수들의 자녀들을 위한 학교를 운영하고 죄수들의 부인들을 위한 기도회 모임을 가졌다.

웨슬레 자신의 경제생활에서도 이타적이고 헌신적인 이웃사랑의 모습을 볼 수 있다. 그가 링컨 대학(Lincoln college)의 선생(fellow)으로 해마다 수입이 증가했으나, 28파운드 외에는 모두 이웃에게 나누어주었다. 그의 생애 동안 30,000파운드를 벌었으나 수입의 10분의 9를 구제사업에 사용했다. 그가 죽을 때 남은 것이라고는 은수저 한 벌과 몇 페니밖에 없었다. 그의 호주머니는 가난한 이웃을 위해 나누어주느라 늘 비어있었다. 그는 가난한 사람들을 먹이기 위해 자신의 옷을 팔았고, 노예 소녀를 돕기 위해 값비싼 그림을 팔았으며 80세의 나이에도 가난한 이웃을 돕기 위해 직접 구걸에 나서기도 하였다.

웨슬레는 신학과 실천을 조화시킨 신학자이다. 웨슬레 신학에서 경건과 자비의 실천은 서로 분리될 수 없다. 웨슬레의 사역은 복음과 삶, 개인적 경건과 사회적 경건을 결합시키는 사역이었다. 웨슬레는 노동을 착취하는 기업주를 비판하고, 노예제도와 미성년자 고용의 폐지를 주장하며, 광부들의 노동환경과 삶의 환경을 개선하는 데 심혈을 기울였다. 그는 구제사업을 비롯한 고아와 어린이를 위한 고아원과 탁아소 운영 그리고 과부와 노인을 위한 사업, 집 없는 사람들을 위한 사업, 교육사업, 그리고 재소자들을 위한 활동, 의료봉사활동, 산업 노동자들을 위한 봉사활동을 하였다(김진두, 2000:321-354). 웨슬레는 서적을 필요로 하는 사람에게 거저 주거나 헐값에 팔았고, 교사들을 훈련시켜 문맹자에게 글을 가르치도록 했으며, 미혼모를 위한 집을 제공하고, 가난한 자들에게 무이자로 돈을 빌려주는 등 수많은 사회사업(social welfare)을 통하여 사회개혁과 사회적 성결을 추구하였다.

가. 사회복지 운동적 실천

웨슬레는 사회개혁자는 아니었지만, 정치, 경제, 사회, 교육 등 모든 분야에 영향을 끼쳤다. 이러한 힘이 어디에서 나온 것일까? 그것은 웨슬레의 성화신학에서 출발한 사회복지사상에서 보아야 할 것이다. 이는 그가 말하는 사회복지의 본질인 사랑의 결과인 것이다. 사랑의 행동적 열매인 사회봉사는 구조적 모순을 안고 있는 정치적, 경제적, 사회적, 문화적 개혁을 함축하며 노예매매 금지, 감옥의 개선, 여성해방 등 수 많은 변혁을 이끌어왔다.

(1) 노예제도 폐지

18세기의 사회문제들 가운데 산업화로 말미암아 여러 위기들이 심각하게 제기되고 있었지만 그 중 노예 문제가 최악의 비인간적이고 불의한 문제였을 뿐만 아니라 해결하기 어려운 문제였다(M. Marquardt, 1992:109).

영국은 1713년 유트레히트 협정조약(the treaty of utrecht)을 통해 스페인과 프랑스로부터 노예매매의 실질적인 독점권을 손에 넣고 30년간 스페인령 서인도제도에 144,000명의 흑인을 제공하기로 계약했다(Bready, 1971:99).

또 아메리카에 있는 식민지 농장에서는 노동력이 증가함에 따라 그들의 경제를 노예수입에 의존하였다. 포르투갈 사람들이 1500년경부터 아프리카의 서쪽 해안에서 흑인 노예들을 사들여

이들을 미국으로 수송하기 시작한 이후부터 막강한 힘을 가지고 있던 시기에, 영국도 흑인 노예 사업에 참여하여 포르투갈을 제치고 노예 수출 사업을 거의 독점하다시피 했다. 노예 매매로 얻은 소득은 이루 헤아릴 수 없이 많았기에 영국정부는 노예사업을 보호하며 발전을 도모하였고, 영국 국교회마저도 노예 매매 제도를 반대하지 않았다. 비록 노예들이 그리스도인이 되었다고 해도 그것은 죄와 사탄으로부터의 자유이지 외적인 지위에 대해서까지 자유로운 것이 아니라고 하였다. 몇몇 영국 국교회 그리스도인들이 회심한 노예들을 해방시켰다가 감독으로부터 심한 질책을 받기까지 하였다.

영국은 노예매매사업으로 엄청난 부를 얻을 수 있었지만 그 대가 또한 엄청나게 치러야 했다. 탐욕과 생명경시풍조, 노동에 대한 저속한 조류가 영국사회에 퍼지기 시작한 것이다. 물질과 부를 얻기 위해 도덕과 양심을 버린 필연적인 결과였다. 그래서 브래디는 근대사에 있어서 유트레히트 협정조약처럼 경제적, 사회적 독소를 영국사회 내에 주입시킨 요인은 없을 것이라고 말했다(Bready, 1971:100).

그러나 웨슬레는 노예들에게 가해지는 박해와 학대 그리고 폭행의 부당성을 과감하게 반대하며 노예제도 폐지를 위해 노력하였다(Marquardt, 1992:115-122). 노예제도를 반대하는 웨슬레의 가장 중요한 논리는 인간의 기본적인 인권이 침해되었다는 지적이었다.

부도덕한 상행위를 하느니 어떠한 상행위도 하지 않는 것이 더 좋다. 덕을 희생시켜 가며 부를 획득하는 것보다 부를 소유하지 않는 것이 훨씬 낫다. 같은 인간의 눈물과 땀과 피에 의해 사는 어떠한 부보다도 명예로운 가난이 더 좋다(works, XI, 74).

그의 노예제도에 대한 견해는 창조론과 자연법에 근간을 두고 있다. 인간은 하나님의 형상으로 창조되었기에 생명은 존엄한 것이며, 생명을 주시는 분은 하나님이시므로 하나님보다 작은 권력이 인간의 생명을 그에게 종속시킬 수 없다. 더구나 인간의 생명을 목적을 이루기 위한 수단으로 사용할 수 없다고 주장하였다(works, XI, 48). 웨슬레가 노예들의 참상을 처음 본 것은 1736년 7월 미국 사우스캐롤라이나의 찰스턴을 방문했을 때이다. 이 때 흑인 노예들의 고통에 민감했고, "오…… 하나님 당신의 은혜로운 자비는 어디에 있습니까? …… 정의에 태양이 버림받은 인간들에게 언제나 비추일 것입니까?"(Journal 7, 1736:31; works Ⅰ, 40)라고 탄원했다.

웨슬레는 1772년 2월 12일 안토니 베니셋(Anthony Beneset)이 쓴 노예제도에 관한 책을 읽고 자극을 받아 행동으로 옮기게 되었는데 그 이유는 고대로부터 현대까지 어느 이교도의 세계에서도 이와 같은 무서운 죄악이 저질러진 적이 없으며, 이보다 야만적인 범죄가 있어 본 적이 없다고 그의 일지에 다음과 같이 기록하였다(Journal 2, 1772:12; works, Ⅱ, 453).

12일 수요일, 돌아오는 길에 나는 매우 색다른 책을 읽었다. 이 책은 정직한 퀘이커교도가 쓴 책이다. 이 책은 보통 노예제도라고 불리는 지긋지긋한 극악에 대한 기록이다. 나는 비기독교 세계에서도 예전이건 오늘날이건 간에 이와 같은 예를 읽어본 적이 없다. 노예매매는 그 야만성에 있어서 오히려 이슬람 국가에 있는 기독교인인 노예들이 당하는 고통보다 더욱 심하고도 심하다.

1774년 웨슬레는 『노예제도에 대한 견해』(thoughts upon slave- ry)라는 책을 출판하여 노예의 인권에 대한 문제를 중시하였고 노예제도를 신랄하게 비판하였다(works, XI, 59-69).

책의 내용은 서인도제도에서 16세기 스페인사람들과 포르투갈 사람들에 의하여 시작된 노예제도의 역사를 기술하였는데 노예상인들이 있기 이전에 아프리카 해안 지대 주민들의 평화스럽고 행복했던 생활을 묘사하였다. 오늘의 노예제도와 대조시키면서 당시의 백인들이 아프리카 사람들을 매수 또는 설득하거나 백인 스스로 흑인들을 잡아 매매하는 잔혹 행위와 비참한 실태를 적나라하게 파헤쳤다.

잡혀 온 흑인들이 해안가에 도착하면 남녀 구별 없이 모두 발가벗겨 회사 이름이 새겨진 철인을 불에 달구어서 그들의 가슴에 지져 소유 표식을 하였다. 배의 좁은 방에다 남녀들을 가득하게 채웠기 때문에 그들은 목마름과 온갖 악취와 고통 속에서 항해하다가 거의 반이 죽었다. 배가 도착하면 모두 옷이 벗긴 채 매수할 사람들 앞에서 갖가지 모욕과 수치를 당하며 점검을 받았고, 엄마와 딸들이 팔려서 서로 떨어지게 될 상황이면 붙들고 울부짖었는데 매서운 채찍질로 그들을 떼어놓았다(works XI, 67-68).

웨슬레는 이것을 살인행위라고 규정한다. 그리고 이들이 짐승처럼 취급되는 것이 하나님의 의도인지 묻는다.

탈출하다가 잡힌 노예에게 무서운 고문을 가했는데 남자는 거세하고, 여자는 난소를 제거하거나 다리를 절단하였다. 노예 주인들은 노예들의 살가죽이 벗겨질 때까지 채찍질 한 후에, 그 위에 소금 또는 후춧가루를 뿌렸다. 때로는 뜨거운 밀랍을 녹여 피부 위에 부었고, 혹은 귀를 잘라 불에 구워 강제로 먹게 하였다. 반란자의 경우 사지를 갈고리에 걸어 놓고 뜨거운 불로 사지와 머리를 서서히 지졌다. 이러한 행위가 합법적으로 행해졌다.

웨슬레는 노예제도를 옹호하는 법률을 악법이라고 비난했다. 노예제도는 돈벌이를 위한 것이며 노예 없이 경작할 수 없다면 그 땅이 바다 밑에 가라앉아도 좋다는 것이 웨슬레의 의지였다.

웨슬레는 이 땅의 어떤 사람도 사람을 노예로 부릴 권리가 없으며, 자유는 인간이 생명을 부여받는 순간부터 갖는 권리이고, 어떤 법으로도 그 권리를 빼앗을 수 없다고 했다(works XI, 79).

웨슬레는 이 책에서 노예매매(slave trade)의 역사와 노예선과 노예시장의 악랄함을 기술하면서 노예제도에 대하여 분노에 찬 비난을 퍼부었고 노예제도의 폐지를 주장하였다. 웨슬레는 흑인들도 백인과 동일하게 하나님의 형상대로 창조된 인간이므로 그들의 인격과 자유를 파괴하고 유린하는 것은 가장 잔인한 죄악행위이고, 비인간화시키는 부정행위라고 비난했다. 그는 노예상들을 도적과 강도와 살인자들이라며 비난하였고 하나님의 심판을 경고했다. 그는 노예 해방을 위한 철야 금식기도회를 통하여 노예상들과 압제자들의 부와 권력이 무너지고 노예들을 묶은 쇠사슬이 끊어져서 하나님의 정의와 자유가 이뤄지기를 기도했다(Journal 3, 1788:3; worksⅪ, 79).

웨슬레는 자연법에 근거하여 그리고 정의와 자비의 요구에 의하여 노예무역의 폐지를 호소하였다(Marquardt, 1992:115). 웨슬레는 인간의 가치는 일반적으로 평가된 편견에 따라서 측정되어지는 것이 아니라 하나님께서 영원한 생명으로 창조하신 영혼 속에 있다고 확신했다(Marquardt, 1992:120).

사람들은 이 책을 통하여 노예소유자의 비인간성과 가련한 노예들의 참상을 알게 되었으며, 가공스러운 불의에 대하여 가만히 앉아 있을 수 없게 되었다.

메도디스트들은 웨슬레의 견해를 듣고 충격을 받아 강력한 단체를 형성하였고, 노예무역 폐지에 대한 투쟁에서 중요한 역할을 담당하였다.

웨슬레는 그가 임종하기 한 달 전(1791년 2월24일)에 노예제도 폐지 법안을 통과시키려 투쟁하던 젊은 국회의원 윌버포스(William Wilberforce)에게 편지를 썼다(Letters(Telford) 8, 265; Marquardt, 1992:118).

하나님께서 당신을 들어 아타나시우스처럼 쓰지 않는다면 영국 기독교의 불명예이자 인간본질 그 자체의 치욕인 그 지긋지

굿한 극악무도함에 반대하는 당신의 영광스러운 과업을 어찌 이루어 갈 수 있겠습니까? 하나님이 당신을 쓰지 않는다면 당신은 사람들과 악마의 반대에 의하여 쓰러지고 말 것입니다. 그러나 하나님이 당신 편이라면 누가 당신과 대적할 수 있겠습니까? 그들 모두를 합친들 하나님보다 강할 수가 있겠습니까? 오! 선한 일을 함에 있어서 좌절하지 마십시오. 하나님의 이름과 그의 전능한 힘으로 전진하십시오. 태양 아래 가장 수치스러운 아메리카의 노예가 사라질 때까지 하나님의 이름과 능력으로 나아가십시오. 하나님께서…… 당신에게 계속 힘을 더하여 주시기를 당신의 호의적인 종, 존 웨슬레가 드립니다.

웨슬레는 편지를 통해 노예제도 폐지를 위해 하나님이 윌버포스를 세우셨으며, 하나님은 그의 편이신데 누가 그를 대적할 수 있겠느냐고 격려했다. 윌버포스에 의해서 제기된 노예매매 폐지안은 1791년 하원에서 부결되었다. 그러나 계속 영국의회를 설득하여 마침내 1807년 영국의 노예무역 금지법(the abolition act)이 통과되었고, 1833년 노예 해방법령(the emancipation act)이 선포되어 노예제도는 완전히 폐지되었다. 이 때에 80만 노예들이 자유를 얻었다. 영국의 노예제도폐지운동은 미국의 노예해방에까지 실질적인 영향을 주었다. 웨슬레의 노예제도폐지운동은 메도디스트들에게 인간의 자유와 정의 그리고 평등에 관한 사상과 실천을 고취시키는 중요한 동기가 되었고, 흑인들에 대한 휴머니즘적인 사랑을 가르쳐 주었다. 이 운동은 노예제도가 하나님의 계명에 대한 죄이며, 인간의 자연적 권리에 대한 침해로 선언하고, 고난당하는 이들에 대한 이웃 사랑으로부터 출발하였다.

그러므로 우리 그리스도인의 삶은 개인의 영역에만 머물러 있지 말고, 사회적 영역으로 발전하여야 한다. 웨슬레는 성화의 삶이 개인적인 성화에서 사회적 성화로 확장되어야 한다고 믿었다. 따라서 웨슬레는 자신이 살던 시대의 사회 문제에 깊숙이 개입하여 하나님의 자녀로서의 목소리를 내었고 그에 대한 피나는 노력을 기울였다.

(2) 여성해방

웨슬레가 여성에 대해 관심을 가졌던 것은 그의 어머니 수잔나(Susanna)의 처사를 보고 여성들을 지도자로서 봉사하도록 하였다.

그의 아버지 사무엘 웨슬레가 런던에 수개월 동안 가 있는 사이에 수잔나 웨슬레는 사제관에서 자녀들과 하인들을 위하여 매주일 저녁 기도회를 가졌는데, 다른 마을 사람들도 참석하여 약 200여 명이 출석하게 되었다. 사무엘이 자리를 비운 동안 부제에게 교구의 책임을 맡겼는데, 그가 인도하는 주일 예배보다 수잔나가 인도하는 저녁 기도회에 더 많은 사람들이 참석하는 것을 불쾌하게 여겨 사무엘에게 편지를 썼다. 수잔나의 집회가 비밀집회의 성격을 가진 불법적인 것이며, 누가 그 책임을 물으면 웨슬레 부부가 감당해야 하는 위험한 집회이니 정지시켜 달라는 내용이었다. 그러나 수잔나는 사무엘에게 우리가 예수 앞에 설 때

선한 일을 해야 할 기회에 태만했다는 죄책감과 징벌로부터 나를 방면시킬 수 있는 조처를 해달라고 말했다.

메도디스트(methodist) 내에서 여성의 지위는 다음과 같이 발전하였다. 공중기도, 간증, 권면, 속회지도, 그리고 설교 등 크로스비(Saran Crosby)는 비공식적으로—연회차원이 아닌 웨슬레 개인 차원에서—설교를 허락한 최초의 여성 평신도 설교가였다. 그녀는 1752년에 속장이 되었다. 그녀는 웨슬레에게 설교할 수 있도록 허락해 달라고 편지를 보냈다. 그런데 흥미 있는 사실은 웨슬레의 답서가 도착하기 전에 이미 설교를 하기 시작했다. 편지를 보낸 지 5일 후에 그녀는 부활절 저녁에 200여 명이 넘는 청중들에게 설교했다(Earl Kent Brown, 1983:171). 그녀는 '내 양을 먹이라'는 주님의 음성을 듣고 설교하고 싶은 충동을 느꼈다. 그녀의 소명에 대한 확신은 웨슬레가 보낸 답신으로 더욱 강화되었다.

메리 보스앤큇(Mary Bosanquet)은 스위스 출생의 신학자요, 영국 국교회의 사제요, 그리고 웨슬레의 후계자로 지명된 존 플레처(John William Fletcher, 1729-1785)와 결혼하여 남편의 교구에서 목회의 온전한 파트너로서 교회에서 정기적으로 설교하였으며, 속회와 밴드를 지도하고 가정심방도 하였다. 그녀가 쓴 성서본문의 해설은 통찰력으로 가득 차 있었고, 그가 인도하는 신도회 회원들에게 유익하다는 것을 발견하고 1771년 그녀의 요청에 응하여 여성에게도 설교할 수 있는 권위를 허락하였다.

메리 보스앤큇은 그녀의 남편이 죽자, 남편이 목회 했던 매드리(Madely) 교구에서 설교하기 시작하였다. 웨슬레도 처음에는 사도 바울의 말에 따라 여성이 교회에서 말하는 것을 금지하였고, 여성 평신도의 설교를 허락하면 영국 국교회가 기겁할 것을 생각하고 망설였으나, 여성에게도 설교의 소명이 있음을 발견하고 허락하였다. 이유는 하나님의 특수한 부르심(extraordinary call)이라고 받아들였다. 여성 평신도가 설교하는 것을 비판하는 청중들에게 성경에 특수한 경우들이 있었다고 주장하였다(Earl Kent Brown, 1983:150).

마침내 여성 설교가들의 공식적 인정은 1787년 사라(Sarah Mallet)로부터 시작되었다. 사라는 청각과 시각을 모두 잃어버리고 말하는 능력만 가지고 있었다. 많은 무리들이 그녀의 특유한 신체조건에서 나오는 설교를 듣기 위하여 몰려들었다. 사라는 하나님께서 그녀의 입을 여셨다고 말하였다. 많은 사람들은 그녀의 능력 있는 영적인 설교에 감동을 받았다. 웨슬레는 맨체스터 연회에서 그녀를 전적으로 지지하고 인정하였다(1787년). 웨슬레는 하나님과 형제들 앞에서 위엄 있고 명예롭게 27명에 이르는 여성 평신도를 설교가로 공식 임명하였다.

웨슬레는 1788년 '병자 방문에 대하여'라는 설교에서 당시에 획기적인 여성 해방론을 주창하였다.

> 여성은 남성들처럼 명예로운 봉사의 일부를 감당할 수 없다는 말입니까? 여성들도 분명히 할 수 있습니다. 아니 해야 합니다. '그리스도 예수 안에서는 남성과 여성이 구별이 없습니다'(works, Ⅶ, 125-126).

웨슬레는 남녀 불문하고 모든 사람은 이 세상 안에서 하나님의 사역을 위해 부르심을 받았다고 생각하였다. 그래서 미국에서 사용할 39개 종교 강령을 편집하면서 '그리스도인 남자'(christian men)란 말을 모두 '그리스도인'(christian)으로 바꾸기도 하였다(works Ⅳ, 357).

웨슬레는 여성들을 장난감처럼 취급하는 것은 여성들을 존중하는 것이 아니라 오히려 잔인한 것으로 여겼고, 여성들도 남성들처럼 이성적인 피조물이므로 하나님께서 주신 권리를 주장하라고 촉구하였다(works, Ⅲ, 396). 웨슬레의 이러한 촉구는 오늘날에도 도전이 될 만큼 혁신적이다. 오늘에 이르러서 여성 차별도 많이 사라지고 여권이 현저히 신장이 되었다. 그러나 우리 사회 구석에는 아직도 여성에 대한 편견이 많이 남아 있다.

웨슬레는 모든 인간은 하나님 앞에서 평등하다는 자연법 사상의 배경 아래, 여성도 사회의 어느 곳에서든지 공정하게 대우를 받고 일할 수 있는 기회가 주어진다면 남성들과 같이 지도자의 역할을 할 수 있다고 여겼다. 그래서 여성들을 평신도 지도자로 세우는 데 주저하지 않았다. 당시에 여성을 설교자로 세우는 것은 획기적인 일로 억압받던 여성들을 해방시키고 사회정의를 실현한 것이라고 본다. 그러기에 역사가 로버트 웨어머스(Robert Wearmouth)는 심지어 "여성해방이 웨슬레로부터 시작되었다"고 주장하였으며, 아벨 스티븐스(Abel Stevens)는 "교회 역사상 예수의 어머니 마리아 이래로 메도디스트(methodist)보다 더욱 여성적 특색이 풍부했던 때가 있었는지 의문스럽다고 말했다(N.A.

Hardesty, 1987:151).

(3) 교정복지

교도소에 있는 재소자들을 방문하여 전도하고 돌보는 일은 웨슬레 가문의 전통이었다. 웨슬레는 올더스케이트 회심 이전에 성곽(castle)감옥을 매 1회씩 방문하였다. 그의 아버지 사무엘 웨슬레도 옥스퍼드를 다닌 시절 성곽감옥을 매주 방문하였다. 존과 찰스는 처음에는 재소자 방문을 주저하면서 아버지에게 조언을 구했다. 그때마다 아버지는 "주님께서 너희들을 인도하시는 길로 가라, 아버지도 그 길을 걸어왔다. 두려워 말고 가라, 내 마음과 기도가 너희와 함께 있다"라고 하면서 격려하였다. 까닭에 웨슬레는 일평생 갇힌 자에 대한 전도를 사명으로 알고 실천하였다. 그러나 교도소 제도의 개혁에 관심을 쏟게 된 것은 그의 회심 이후였다. 당시의 형벌제도는 너무나 가혹했다. 18세기에 사형에 해당하는 죄목이 200여 가지나 되었는데 구체적인 사례는 토끼를 총으로 쏜 자, 다리를 훼손한 자, 어린 나무를 뽑아 내버린 자, 5실링(shiling)을 훔친 자 등을 교수형에 처했다(Bready, 1938:127).

대다수의 경우 즉결심판에 해당되거나 전혀 처벌할 필요가 없는 경미한 사안인데도 숱한 처벌 규정들을 만들어 가난한 국민들을 괴롭혔다. 가난한 자들은 굶주림과 곤경에서 살아남기 위하여 그러한 행위들을 할 수밖에 없었으며, 고소당하거나 체포되었을 때는 사형을 각오하지 않으면 안 되었다. 자주 공개적으로 집행되었던 교수형은 인근 각처에서 수많은 사람들이 몰려드는 대중적인 축제가 되었다. 수입이 없어 지불이 불가능한 채무자에 대해서도 법 집행은 매우 엄했다. 채무자는 재빨리 교도소에 수감됨으로 경제적인 책무를 해결할 능력마저 상실하게 되었다(웨슬레의 아버지 사무엘 웨슬레는 매우 근면한 사람이었지만 채무 때문에 몇 개월 동안 교도소에 갇혀 있었다).

부채 때문에 감옥에 가야만 했고, 재판을 받기 위하여 미결수로 몇 달 혹은 몇 년을 기다려야 했다. 그러나 부자들은 이름 있는 변호사를 세워서 아예 고소나 체포에서 벗어나든지, 아니면 재판 절차의 허점을 이용하여 면책 받는 경우가 허다하였다(Marquuardt, 1992:128).

무엇보다도 개선되어야 할 것은 비참한 죄수들의 생활상태였다. 많은 감옥의 감독들이 정기적으로 지급되는 비용을 절감하였기에, 상대적으로 하급 간수들이 봉급으로는 살 수 없는 열악한 상황에서 일하였으므로 부당한 방법으로 수입을 늘리려 했다. 예를 들면 간수들이 죄수들을 혹독하게 다루어 수인에게 특별한 조치(예를 들어 쇠사슬을 일시적으로 풀어주는 등)의 대가로 그에 상응하는 돈을 받았고, 죄수들에게 금지된 알코올과 마약을 팔았으며 매춘행위를 허용하기도 했다(남자, 여자, 어린이들이 따로 구별되지 않고 함께 수용되었다). 악명 높은 죄수들을 돈을 받고 관중들에게 구경을 시키기도 했다. '돈'을 상납하지 못하는 수인들은 간수들에 의해 비인간적인 학대를 받았으며 심지어 살해되기도 했다.

수인들이 당하는 비참한 상황은 비단 간수들의 잔혹성 때문만은 아니었고, 열악한 식생활과 비위생적인 상태 때문이었다.

수사 중에 있는 피의자 수인들이나 기결수, 채무에 의해 잡혀 온 죄수들 및 범죄행위자들은 낡은 탑이나 성, 시청의 지하 감옥이나 식당의 음침한 지하실에 감금되었다. 따라서 불결과 퀴퀴한 냄새는 어디에서나 진동했고, 안전보호시설이 전혀 없었기 때문에 쇠사슬 혹은 죄수용 가죽조끼 등으로 대신했다. 이러한 환경에 초만원을 이룬 수인들로 하여금 전염병이 자라는 최적의 온상임은 두 말할 나위가 없었다(Marquuardt, 1992:131). 웨슬레가 이러한 감옥의 실태를 보고 "지옥의 광경"(Wesley, 1988:181)으로 묘사한 것은 놀라운 일이 아니다.

교도소의 제도적 개혁을 위해 끈질기게 활동하던 존 하워드(John Howard)는 간수들이 죄수들로부터 부당한 이익을 취하지 않기 위해서는 그들에게 정당한 임금을 지불해야 함을 강조하였다(Marquuardt, 1992:131-132).

웨슬레는 영혼구원을 위한 복음설교뿐만이 아니라, 죄수들의 교정복지에도 깊은 관심을 갖고 교도소의 현황과 문제점들을 자세히 조사하여 폭로하였다. 1739년 봄부터 런던과 브리스톨 감옥에서 웨슬레는 복음설교와 죄수 상담목회를 실천하였다. 그는 죄수들과 개인적인 대화를 수없이 나누었다. 특히 사형수들과 함께 기도하고 그들의 비참한 운명을 아파할 뿐만 아니라 그들을 회개시키고 영생으로 인도하였다. 웨슬레의 설교를 들은 사형수들이 죄와 사망의 공포로부터 자유를 얻었으며, 마음의 평안을 갖고 단두대에 오를 수 있도록 믿음을 심어 주었다. 웨슬레의 교정복지 활동으로 말미암아 죄수들은 감동을 받았고, 그와 대화하기를 원했으며, 설교해 주기를 간절히 바랐다(Journal 2, 1938:521; 3, 29; 4, 478; 6, 79).

그리고 웨슬레는 결백한 죄수들의 석방을 위해 노력을 기울였을 뿐만 아니라 가난한 채무자들의 석방을 위하여 모금을 하였다. 그리고 모아진 헌금으로 의복, 음식, 매트리스 등을 사서 조달해 주었다(Marquuardt, 1992:135). 그 결과 많은 죄수들이 감동을 받았고 기독교 신앙으로 전향하였다. 이러한 활동으로 인하여 웨슬레는 브리스톨의 뉴게이트 감옥의 변화를 육안으로 확인할 수 있었다. 그가 런던의 신문에 기고한 내용에 "감옥의 환경이 깨끗해졌고 알코올 중독과 매춘행위가 사라졌으며 폭행이 사라졌다"고 밝히고 있다(Bready, 131).

그러나 웨슬레의 교정활동에는 목사들과 교도소 감독들의 적지 않은 저항들이 있었다. 보안관들은 웨슬레가 죄수들을 유혹한다고 비난하면서 브리스톨의 뉴게이트(new gate)에서 매일 드리는 예배를 금지시켰고, 주 1회로 제한하였다. 같은 지역의 참사원은 사형수들이 요청하는 웨슬레와의 대화를 허용하지 않았다. 교도소 담당 목사는 사형수들을 방문하는 것을 방해하였다(Marquuardt, 1992:133).

웨슬레의 설교의 중심은 모든 사람에게 제한이 없는 하나님의 무한한 사랑과 죄인에 대한 칭의(justification)였다. 칭의(義認化)

의 은총은 교회로부터 사회의 모든 소외된 사람들에게까지 확대
되어야 한다고 선포하였다.

웨슬레는 단순히 죄수들을 돌보고 목회 하는 것뿐만 아니라, 제
도의 개혁을 촉구하였다. 교도소 제도의 개혁을 주창한 존 하워드
(John Howard)가 "the state of prisons in England and Wales in
1777"라는 논문을 출판하기 전부터 웨슬레는 교도소의 제도 개혁
을 강조하여 하워드의 교도소 개혁 활동에 강한 동기를 부여하여
박차를 가해 주었고, 그 자신 역시 노력하였다.

웨슬레가 신문과 자신의 출판물을 통하여 교도소 개혁을 주장한
것을 다섯 가지로 요약할 수 있다. 1)지옥과 같은 감옥의 환경, 즉
질병, 오물, 어두움, 그리고 쾌적하지 못한 공기 등은 감옥을 죽음
의 골짜기로 만든다. 또한 친구들과 친척들로부터 완전히 분리시켜
놓았다. 2)비도덕적 행위를 배우는 감옥생활, 즉 감옥은 온갖 욕설,
나쁜 행위, 여러 종류의 범죄, 잔혹성을 배우는 학교가 되어 버렸
다. 그래서 감옥은 범죄를 줄이고 죄수들을 교정시켜 주기보다는
또 다른 범죄행위의 길에 들어서도록 만든다. 3) 장기간의 재판과
정, 즉 몇 달 혹은 몇 년을 기다려서 재판을 받을 수밖에 없는 제도
를 개선해야 한다. 4) 부자와 가난한 자의 불공평한 재판, 즉 가진
자의 입장에 편중한 변호사의 변론을 말한다. 5) 전쟁 포로의 비인
도적인 대우, 즉 웨슬레는 자국민들뿐만 아니라 프랑스인, 네델란
드인, 미국인 등 구분 없이 하나님의 창조적인 자연법에 따른 사랑
을 가지고 죄수들을 방문하였다(Marquuardt, 1992:137-138). 웨슬
레의 실제적이며 용기 있는 행동은 개인의 마음을 움직였고 교회

를 움직였다. 그는 성화신앙에 근거한 점진적 사회변혁을 낙관하면서 인도적인 교정 복지와 죄수들의 구령사업을 쉬지 않았다.

나. 경제 정의적 실천

사회복지가 바람직하게 이루어지는 사회의 실현을 위해 웨슬레는 구체적인 경제정의를 복음적인 시각에서 조명하고 실천하였다.

(1) 빈민구제

웨슬레가 활동하던 당시의 가난에 대한 해석은 인과응보적이었다. 가난은 자기 책임적 운명이거나 신의 형벌로 보고 물질적인 궁핍에 따른 곤경을 사회적으로 죄악시하고 냉대하였다. 그렇기 때문에 가난의 책임은 가난한 자에게 있다는 것이었다. 부유층들은 가난한 자들에 대하여 약간의 적선으로 자기들의 사회적인 의무를 다한 것으로 여겼으며, 그들이 제거해야 될 가난에 대한 원인을 왜곡하고 있었다(Marquuardt, 1992:41).

그러나 웨슬레는 가난은 죄의 결과도, 운명도 아닌 사회적 차원에서 찾아야 한다고 주장하였다. 그의 논문과 설교에서 가난과 실업은 산업화, 농민들의 토지 박탈, 국가기관의 경직된 태도, 소유주들의 전통적인 입장 등의 결과라고 보았다(Marquuardt, 1992:20).

웨슬레는 가난한 사람들이 추위와 굶주림 그리고 병으로 죽어 가는 것을 보고, 그들이 가난한 이유는 게으르기 때문이라고 매도하는 것은 사악하고 악마적인 거짓말이라고 선포하였다(works, 20, 445). 도리어 낭비와 사치, 밀수를 하여 부를 축적했던 부유층들과 양조업자들에게 가난한 자들에 대한 책임을 호소하였고, 국가의 개입을 요청했다.

웨슬레는 정치인은 국민의 행복을 위하여 경찰권과 조세권을 통한 제화의 공정한 분배 및 생필품 조달과 직업 알선, 국가 안정, 사치 풍조의 근절, 독점 상인, 독점 농업의 근절을 위해 노력해야 하며 이에 대한 국가의 책임을 촉구하였다(Marquuardt, 1992:69-75).

메도디스트 운동은 하층 계급의 종교운동이라고 할 만큼 주로 탄광 노동자, 금속공, 소작인 출신 등 가난하고 소외된 자들이 참여하였다. 당시 대부분의 가난한 사람들은 학교교육과 직업 교육을 받지 못했다. 거기에다 산업혁명으로 말미암아 실업자가 증가하였다. 그들은 대부분 고향에서 살지 못했고 신흥 산업 지역이나 도시의 변두리에 위치한 슬럼지역에서 살았다. 그들은 극빈자 구호의 혜택에서도 제외되었고 교회의 도움도 받지 못했다. 오히려 가진 자들이 저임금으로 노동력을 착취하고, 어린이와 여성 노동자, 광산노동자들을 비인간적으로 대했다.

웨슬레는 가난한 자들을 잔여 복지적 차원의 자선 대상이나 극빈자 구호 수혜자들로만 보지 않고, 소외된 자들의 비참한 상황을 제거하는 제도 복지적인 개혁을 사명으로 알았다(Marquuardt, 1992:33). 이러한 사명의 실현은 웨슬레가 갖고 있는 한계, 즉 18세기 혁명 이전의 대중 경제적인 면에서나 사회학적인 면에서 전문가가 아니라는 점과 왕정에 충실한 영국 국교도라는 한계를 갖고 있었다. 그럼에도 불구하고 영국의 사회사에서 웨슬레의 사회복지 활동이 긍정적인 영향을 끼쳤다는 점은 부정할 수 없다.

웨슬레는 "성서적 기독교"(scriptural christianity)라는 설교에서 하나님을 사랑하는 자는 그 형제를 사랑해야 하는데 말로만 하는 것이 아니라 행동과 진리 안에서 사랑해야 한다고 하였다(works Ⅰ, 160-165).

1773년 웨슬레는 "식량 부족에 대한 고찰"(thoughts on present scarcity of provisions)이란 논문을 통하여 가난한 자들을 희생시키는 영국의 사회 구조를 비판하였다. 가난한 자들은 가족을 위해 썩어 가는 물고기를 가져가고, 개들이 먹다 버린 뼈를 주워다 스프를 만들어 생명을 이어갔다. 그리고 기르는 강아지가 밖에 나가서 뼈다귀 하나를 물어 오자 그 개의 입에서 빼앗아 저녁을 만들어 먹는 사람들이 있었는데, 부자의 부엌에서는 먹다 남은 기름진 음식들을 쓰레기통에 버리는 것을 목격하고 분노하였다(works XI, 53-54).

(2) 의료복지

웨슬레는 전인적 구원의 복음을 전파하는 전도자요 사랑의 사도였다. 신도회를 통하여 가난한 자들에게 현금, 옷, 생활필수품. 연탄은 물론 의약품도 나누어주었고, 브리스톨(Bristol), 뉴카슬

(Newcastle), 파운더리(Foundery)에 의사, 약제사, 약국의 협조를 얻어 의료원을 설치하여 가난한 자들의 의료복지에 봉사하였다.

그는 1741년부터 신도회(holy club) 내에 병자 방문인(visitors of the sick)을 두어서 치유목회를 담당하게 하였다. 4,000여 명의 런던 감리교인을 모아놓고 누가 병자를 방문하는 일에 기쁨으로 나설 것인가 물었다. 그 다음 날 아침에 많은 사람들이 지원했으나 웨슬레는 46명만을 선출하여 런던 시를 23개 지역으로 나누어 매주 3회씩 순회 방문하여 병자들을 찾아서, 의약을 제공하거나 치료에 도움이 되는 모든 노력을 다하여 돌보았다. 1780년에는 의사 한 사람을 초빙하여 매주 두 번씩 웨스트가(west street)에 있는 무료진료소에서 환자들을 순회 치료하기도 하였다.

1743년에는 뉴캐슬(Newcastle)에 고아원을 세우고, 그 안에 무료진료소(free medical dispensary)를 개설하였다. 이미 1739년에 건립된 서부 선교 기지 브리스톨의 '새 집'(new room)에는 무료진료소가 운영되고 있었으며, 1746년에는 남부 선교 기지인 런던의 파운더리(Foundery)에 무료진료소가 설립되었다.

웨슬레는 가난하여 의료적 혜택을 보지 못하는 자들을 위하여 1745년에 「가난한 사람들의 사용을 위한 처방전 모음집」(a collection of receipts for the use of the poor)이란 소책자를 출판하여 63가지의 질병에 대한 치료약을 소개하였고, 1747년에는 「원초적인 약품: 질병치료에 쉽고 자연적인 방법」(primitive physic: an easy and natural method of curing most diseases)을 출판하여 243종의 질병에 대한 725가지 민속 의학에 의한 치료방

법과 약을 소개하였다. 이 책은 영국에서 19세기 중반까지 23판
이 출판되어 오랫동안 질병치료와 건강관리 증진에 크게 공헌한
민간요법으로 인정되고 있다(김영선, 2002:395).

웨슬레는 가난하여 치료를 못 받는 사람들을 위하여, 스스로
의학을 공부하여 치료법을 연구하였고, 질병으로 고통받는 병자
들을 구하려고 노력하였다.

> 나는 아직도 수많은 가난한 병자들이 모든 소유를 다 팔아 의
> 사에게 갖다 주고도 아무 효험도 못 보고 죽어 가는 것을 보고
> 몹시 마음이 아픕니다. 나는 의사들에게 찾아가서 그들을 잘 치
> 료해 달라고, 또는 좋은 방법을 일러달라고 요청도 해보았지만
> 소용이 없었습니다. 많은 가난한 사람들이 치료도 못 받고 재산
> 을 탕진하고 죽어 갑니다. …… 마침내 나는 내 자신이 의술을
> 배워 저들을 치료하기로 결단을 내렸습니다. …… 나는 이 사실
> 을 신도회에 광고하였습니다. …… 원하는 사람은 누구든지 내
> 게로 오십시오. 내가 할 수 있는 최선의 도움과 최선의 약을 주
> 겠습니다.

> 5개월 동안에 5백 명이 넘는 환자들이 와서 약을 받았습니다.
> 나는 그들이 감리교 신도인지 아닌지 모릅니다. 그런데 그 중에
> 71명은 정규적으로 약을 받아 복용하고 내가 처방한 규칙을 잘
> 지킨 결과, 오랫동안 불치병으로 알았던 병이 완전히 치료되었
> 습니다. 이 기간 동안 들어간 약값이 40파운드쯤 들었습니다. 우
> 리는 하나님의 축복 가운데 이 일을 계속해야 하고, 점점 성공
> 적으로 발전할 것입니다(Letters Ⅱ, 308-310).

웨슬레의 의료복지는 하나님의 창조에 기인된 자연법에 따라 가난한 자들의 영혼과 몸의 고통을 전인적으로 돌보았다. 지방과 도시의 가난한 지역마다 세워진 구빈원과 나그네 공동체, 고아원, 양로원 그리고 산업지대에서 수많은 극빈자들의 질병 치료를 담당해 왔다. 그 결과 1740년부터 1820년 사이에 런던의 5세 이하 아이들 사망률이 74.5%에서 31.8%로 줄어들었다.

오늘의 한국교회는 기도원, 수양관 그리고 공원묘지 등의 설립에는 관심을 가지고 있지만, 가난한 자, 소외된 자들을 위한 의료 시설의 설립에는 거의 관심을 기울이지 않는다(김영선, 2002:396). 물론 어마어마한 거액의 돈이 필요하기 때문에 엄두도 못 낼 것이다. 그러나 교단과, 교계가 연합하면 전혀 불가능한 일만도 아니다. 문제는 개인 구원만을 지향하고, 사회적 책임을 느끼지 않는 신학에 더 문제가 있는 것으로 보아진다. 현실성 있는 계획으로 의원 수준의 병원을 설립하여 극빈자, 소외된 자, 장애인들을 위한 의료복지를 시행할 수 있을 것이다.

웨슬레의 소외된 자를 위한 의료복지 활동은 하나님의 창조의 자연법에 따른 사랑의 실천이었으며, 그의 성화신학과 일치하는 것이다. Hynson이 사랑과 선행을 동일한 것으로 본 것처럼, 가난한 자들과 함께 한 웨슬레의 삶은 그의 신학을 사회성화(사회개혁)를 목표로 한 사회복지적 실천이었다.

(3) 산업노동자를 위한 사회봉사

18세기 영국의 노동운동은 산업혁명의 산물 중의 하나로, 수공업에서 기계공업으로 발전하면서 야기되었다. 인류 역사상 산업혁명과 노동조합이 영국에서 최초로 발생하였다. 원인은 노동자들의 임금과 노동조건(환경, 노동시간, 복지 등), 인권문제 및 노동법 개혁이 실질적인 목적이었다.

노동조합운동은 18세기부터 시작했지만 체계적이고 본격적인 발전은 19세기부터이다. 노동조합운동은 그 목적이 정치적이기보다는 경제적인 데에 있었다. 노동조합은 크게 광부 노동조합(the miner's trade unions)과 산업 노동조합(the industrial trade unions), 그리고 농장 노동조합(the agricultural trade unions)으로 구분되며 작업과 노동현장에 따라서 여러 종류의 노동조합이 활동하였다.

1760년경 제임스 하그리브스(James Hargreves)에 의해 실 짜는 기계가 발명되어 사람의 손으로 짜던 실을 기계가 대신함으로써, 섬유산업의 획기적 전환점을 이루게 되었다.

에이브러햄 다비(Abraham Darby)가 1708-1709년에 철 제련에 석탄을 사용하는 것을 발견하여 개발시킴으로 석탄생산이 더욱 활발하게 되었고, 1775년 제임스 와트(James Watt)가 증기엔진을 발명하여, 증기의 힘이 철강공업 발전에 중요한 요소가 되었다. 이로 인하여 산업혁명의 중요한 계기가 되었다.

철강공업과 섬유공업이 도시를 중심으로 발전하게 되자, 도시의 인구가 급증하는 현상이 나타났다. 랜커셔(Lancashire)의 도시 인구는 세 배로 증가하였고, 맨체스터(Manchester)는 8,000명에서 95,000명으로 폭증하였다(Rupert Davies & Golden Rupp, 1965:13-14).

따라서 산업화에 따른 부작용으로 노동자의 처우가 문제되었다. 탄광의 노동 환경은 노동조합이 결성될 수밖에 없는 열악한 상황이었다. 4세에서 13세 이하의 남녀 아동들이 석탄 광부로 고용되어 하루에 11시간에서 14시간까지 중노동을 강요당하였다(Weamouth, 181).

여성들도 완전 나체의 남자 광부들을 옆에서 도왔는데, 6세에서 21세의 여성 노동자들이 상반신 나체로 네 발 가진 동물처럼 석탄 바스켓을 운반하였다. 어떤 여성은 갱 안에서 두 아이를 낳았는데, 그녀의 더러운 스커트 속에서 태어날 수밖에 없었다(Weamouth, 182).

산업 노동현장도 광부들의 현장만큼이나 심각하였다. 산업노동자의 3분의 1이 5세에서 8세의 소년과 소녀들이었다. 그들은 돼지처럼 감자로 배를 채우고 돼지우리 같은 집에 거주하였다. 맨체스터의 전체 노동자들 중에 8분의 1인 15,000명이 지하실에서 살았다. 그들 중 1,500명 정도는 세 명씩 하나의 침대에서 살았고, 738명은 네 명씩 하나의 침대에서 살았으며, 281명은 다섯 명씩 하나의 침대에서 살았고, 94명 정도가 여섯 명씩 하나의 침대에서 살았으며, 2명 정도가 하나의 침대에서 여덟 명이 살았고, 31명의 경우는 아예 침대 없이 살았다. 그들의 주거 환경은 어둡고 답답하여 병들기 쉬운 환경이여서 리버풀(Liverpool)에서는 평균 수명이 15세, 맨체스터는 17세, 볼톤(Bolton)에서는 18세, 리즈(Leeds)에서는 19세, 대도시(metropolis)에서는 22세였다 (Weamouth, 202-203).

1830년에는 농민폭동이 일어났다. 그러나 법과 평화, 질서 편에 있던 메도디스트들은 동조하지 않았다. 다만 폭동이 지나간 후 그들에게 다가가 상처를 싸매어 주고 위로해 주었다. "너희를 필요로 하는 사람들에게로 가라"는 웨슬레의 설교에 따라 가난하고 소외된 자들을 찾아갔다. 당시 영국사회의 가장 가난한 사람들은 산업지대의 공장 노동자들과 광산의 노동자들 그리고 큰 농장의 노동자들이었다. 영국성공회는 상류층에만 관심을 갖는 '상류층 교회'(high church)였다. 그들이 믿는 청교도 교리는 영국인들의 심성과 정서에 파고들어 가지 못했다. 그러나 메도디스트의 '하류층 교회'(low church)는 광부, 노동자, 농민들에게 깊숙이 파고들어 갈 수 있었다. 칼 마르크스는 종교는 민중의 아편이라고 말했지만, 웨슬레의 성화신학적인 사랑운동인 가난한 노동자들을 위한 사회봉사는 민중의 치유와 희망이었다. 대륙의 노동운동은 칼 마르크스의 사상으로부터 영향을 받았으나 영국은 마르크스보다는 메도디스트의 영향을 더 받았다. 산업혁명 이후 노동운동들이 우후죽순처럼 일어났지만, 웨슬레의 산업노동자들을 위한 사회봉사는 그들의 가슴에 희망으로 다가가 사회변혁운동이 조직적이며 체계적으로 발전하게 되었다.

다. 복지 서비스적 실천

　교회는 그리스도인의 완전(성화)을 지향하여, 클라이언트(client) 들의 욕구(needs) 만족을 위한 전문적(professional, special)인 사회복지를 실천해야 한다. 모든 인간은 하나님의 형상으로 만들어 졌으며, 이웃을 사랑하는 것은 그리스도의 계명이다. 사회복지는 오랫동안 신학의 영역 속에 들어 있었다. 라인홀드 니버(Reinhold Niebuhr)는 그의 저서 「사회사업에 대한 기독교의 공헌」(the contribution of religion to social work)에서 "교회는 사회복지를 낳고 키운 어머니이지만, 어머니로서의 책임을 포기하였기 때문에 세속화를 초래하였고, 교회에서 떠난 사회복지는 현재 유럽교회의 문제"(김성철, 2000:15)라고 말한 바가 있다.

　구스타보 구티에레즈(Gustavo Gutierrez)는 교회를 역사적으로 분석하여 "교회는 수세기 동안 진리를 이론화하는 것에 너무 치중 한 나머지 세계를 개선하려는 시도는 거의 하지 않았다"고 하면서 교리의 사회적 실천을 강조하였다(Gustavo Gutierrez, 1973:10).

　아키이에. H. 니노미야는 "해방이란 자기를 절대화하는 죄를 그리스도의 구속하심으로 사함 받아 이웃을 사랑하며 사는 것" 이라고 말한다. 진정한 해방이란 자신을 이웃에게 개방함으로써 이웃이 살고 자기도 변화되어 상호 인격적으로 성장하는 것이며, 또한 그것은 개인의 문제인 동시에 사회의 책임이므로 죄를 극 복하여 새로운 사회 시스템(system)을 구축해 나가는 것이 필요 하다고 말한다(아키이에. H. 니노미야, 전광현 역, 1999:17-41).

(1) 아동(장애인)복지

웨슬레의 아동복지 사업은 뉴 카슬에 고아원(orphan house)을 설립하면서 시작하였다. 이어서 메리 보산퀘트가 리톤스톤에 고아원을 설립했고, 이어 1806년에는 메도디스트인 평신도에 의해 여자 고아원(female orphan school)이 설립되었다.

할 수 있는 한, 많이 나누고 베풀라는 웨슬레의 복음적 가르침을 따르는 메도디스트들은 형편이 어려운 자들을 위하여 처소를 마련하여 그들을 보호하고 돕는 일에 관심을 기울였다. 거리에 버려지고 소외된 고아와 아이들을 위하여 재워주고 먹여주고 입혀주고 가르쳐 주는 것은 물론, 친부모와 자녀 같이 이들을 양육하고 돌볼 수 있는 양부모를 임명한 것은, IMF 이후 이러저러한 사정으로, 무책임한 부모들로부터 버려져 아동보호소에 맡겨진 수많은 아이들이 해외로 입양 수출하여 국제적 망신을 자초하고 있는 우리 민족이 깨닫고 배워야 할 인도적인 동족애이다.

고아와 어린이집은 정신박약아, 장애아들을 보호하고 양육하는 데까지 발전하였고(김영선, 394), 이들을 위한 특수학교도 설립되었다.

고아와 어린이를 위한 집은 메도디스트들의 대표적인 사회봉사 사업이 되었다. 고아와 어린이, 장애인들을 위하여 수시로 헌금, 헌물하고, 해마다 헌금주일을 정하여 이들을 지원하고 양육하였다. 이렇게 어린이와 장애인의 복지사업을 위하여 기쁘게 헌신할 수 있었던 것은 하나님의 사랑에 의한 성결(성화)의 열매였다.

(2) 노인(모자)복지

메도디스트들은 고아와 어린이, 장애인들뿐만 아니라 과부와 노인들을 위한 사회사업도 하였다. 웨슬레는 런던에 '구빈원'(the poor house)을 세워 가난한 과부들을 돌보았는데 이것이 출발점이 되어 1766년에는 '과부의 집'을 설립하여 전쟁미망인들을 돌보았다. 그리고 버림받은 노인들, 홀로 된 남자 노인들을 부모처럼 돌보는 '노인들을 위한 메도디스트 하우스'(methodist house for the aged), 그리고 집 없는 사람들을 위하여 숙식을 겸한 '나그네 친구회'(the stranger's friendly society)는 산업 노동자들의 안식처였다.

사회복지사업은 웨슬레의 구원론적 성화론에 입각한 성결의 열매이다. 그러나 기독교대한성결교회의 사회복지법인하에 교회가 운영하는 사회복지 시설은 거의 없는 형편이며, 개인에 의해 운영되는 시설 또한 극히 미미한 상태이다. 내면적 영적 성화만을 지향하는 성결교회는, 이제 선교 100주년의 역사를 가질 만큼 성장했으니, 사회적 성화 차원의 이웃사랑을 위한 어린이, 청소년, 장애인, 여성, 노인, 산업복지사업 등 사회문제에 눈을 돌려 사회책임 신학인 사회적 성결을 실천할 때이다.

1974년 스위스의 로잔(Lausanne)에서 열린 대회는 '온 세상이 그의 음성을 듣게 하라'(let the earth hear his voice)를 주제로 하였는데 존 스토리가 초안한 소위 로잔 언약(Lausanne covenant)에 "그리스도인의 사회적 책임"문제에 대하여 이렇게 합의하였다.

"우리는 인간 사회를 통해 오는 정의와 화해 및 모든 압제로부터 사람들을 해방시키고자 하는 하나님의 관심에 동감해야 한다. …… 전도와 사회적 관심이 상호 배타적인 것으로 여겨 온 것에 대하여 깊이 통회한다. 인간과의 화해가 하나님과의 화해는 아니며, 사회활동이 전도가 아니고 정치적 자유가 구원은 아니되 전도와 사회, 정치 참여는 모두 그리스도인의 것이다. …… 구원의 메시지는 모든 형태의 소외, 압제, 차별대우 외에는 심판의 메시지이며 우리는 악과 부정이 존재하는 곳은 어디서나 그것을 두려워 않고 배척해야 한다. 우리가 전하는 구원은 우리의 개인 및 사회적 책임 속에서 우리를 변화시켜야 한다. 행위 없는 믿음은 죽은 것이다"(김성철, 2000:24).

복음주의 신학의 약점은 세상과 사회문제에 대해 도피적인 태도를 취해 왔다고 볼 수 있다. 그러나 로잔언약은 악은 개인만이 아니라 사회에도 해당되는 것으로, 그리스도의 복음은 한 개인의 인격을 변화시킬 수 있으되 사회생활에서 행위로 나타나야 산 믿음임을 강하게 주장하고 있다. 복음전도와 사회적 책임 활동의 하나인 사회복지사업 간의 관계를 다음과 같이 정의할 수 있다.

사회복지사업은 복음전도의 결과이다. 즉 복음전도는 하나님이 사람을 새롭게 태어나도록 하시는 수단이며, 또 그들의 새로운 삶은 다른 사람들을 봉사하는 데 나타난다.

사회복지사업은 복음전도에 대한 다리가 될 수 있다. 사회복지사업은 편견과 의심을 깨트리고, 닫힌 문들을 열 수 있으며 또 복음에 귀 기울이게 할 수가 있다.

사회복지사업은 복음전도와 동반한다. 그것은 바지의 두 가랑이나 새의 두 날개와 같다. 이 동반관계는 복음 선포와 함께 주린 자들을 먹이시고 병든 자들을 고치셨던 예수님의 사역 가운데 나타난다. 케리그마(전도)와 디이코니아(사회봉사)가 병행되었다.

21세기에 돌입한 한국의 정황은 200여 년 전인, 18세기 웨슬레가 활동하던 시대의 영국의 정치, 경제, 사회, 문화 상황과 거의 흡사하다. 이 때를 위하여 성결(聖潔)의 복음을 '성결교회'에 맡겨 주신 것이 아닌가? 사회성화를 위하여 믿음의 선조들이 물려준 사중복음(重生,聖潔,神癒,再臨)을 생활로 전하며, 복음의 낙관적 행동주의로 이웃사랑을 실천해야 할 때이다. 교회 사회복지는 주님의 명령이다.

(3) 교육사업

웨슬레의 생애의 특징은 영혼구령과 사회복지사업, 그리고 교육가로서의 사회적 책임이다. 사실 웨슬레를 교육가로서 이해하는 사람은 거의 없겠지만 그는 모든 계층의 교육에 대하여 남다른 관심을 기울였으며(장종철, 1995:133), 특히 가난하여 기존 교육의 기회로부터 제외된 어린이와 성인들까지도 책임을 느꼈다.

영혼에 관한 한 하나님이 유일한 의사이지만 인간도 그 치료에 도울 수 있으며, 그 도움이란 바로 교육을 통해서 효과적으로 이뤄질 수 있다고 믿었다.

바디(A.H Body)는 웨슬레의 교육적인 공헌에 대하여 18세기의 특징을 살펴보면 영국 역사상 이때처럼 교육의 발전에 순조

롭지 못한 시기가 없었음에도 불구하고, 그 시대의 대표적인 인물인 존 웨슬레가 대중교육의 창시자가 되었다는 것은 사실 믿기 어려운 일이라고 하였다(Alfred H. Body, 1989:96-97). 당시 사회의 정황은 교육으로 인한 계급평등을 원하지 않았고, 특히 가난한 자의 교육 필요성에 대하여 대개 찬성하지 않았으며, 또한 빈민층도 교육을 받을 권리가 있다고 감히 주장할 수 없었던 때였다. 그러나 웨슬레는 그의 종교적 사명을 완수하는 데 교육이 기초가 됨을 알았다. 그래서 그는 교육의 이론적 체계를 만들었을 뿐만 아니라 "사도시대에도 부끄럽지 않을" 이상적인 학교를 건립하는 작업을 시작했다(Alfred, 28-29).

웨슬레의 교육사상은 막연히 유토피아적 교리로부터 이끌어내지 않았고, 그 시대에 필요한 것이 무엇인가를 면밀히 관찰하여 보다 더 나은 교육을 지향하였다.

웨슬레의 교육의 특징은 모든 인간에게 동등한 가치를 부여했다. 그래서 가난한 가정의 자녀들에 대한 교육은 처음부터 메도디스트의 사회사업 중의 하나였다(Marquardt, 81).

웨슬레가 학교를 설립하고 자신의 영향력이 미치는 범위 안에서 이들의 발전을 추구하게 된 주요 동기는 주로 종교적이며 인간적이었다.

웨슬레는 1748년 공공대중에게 메도디스트 운동에 대한 보고서를 작성하였는데, 그 중 학교에 관련된 사항에서 다음과 같이 보고하고 있다.

나를 자주 걱정스럽게 만드는 어떤 것이 있었다. 그것은 수많은 어린이들이었다. 몇몇 어린이들의 부모들은 자녀들을 학교에 보낼 형편이 못되었다. 그 때문에 이 어린이들은 거친 나귀의 망아지들과 다름이 없다! 다른 어린이들은 학교에 가서 최소한의 읽기 쓰기를 배웠으나 동시에 그들은 가능한 모든 못된 것들을 배움으로써 차라리 비싼 대가를 지불하느니 보다는 배우지 않는 편이 나을 뻔하였다. 마침내 나는 이 어린이들을 나의 집에서 교육시켜 그들에게 읽기, 쓰기와 계산하기를 배우면서 이교를 배워야 하는 강요에서 벗어나도록 해야겠다고 결심했다 (Marquardt, 82).

웨슬레는 배움의 기회를 포기할 수밖에 없는 어린이들에게 기초지식뿐만 아니라, 비기독교적인 생활방식의 영역으로부터 어린이들을 보호하려고 하였다.

그는 이상적인 학교를 세우려는 사명감에 영국, 네덜란드, 독일 등 명성 있는 학교들을 탐방하여 그 곳의 교육이론을 도입하려고 평가하였는데, 분석한 결과 몇 가지의 문제점을 지적하였다 (장종철, 1995:26).

첫째, 학교가 대도시에 밀집하여 지방에 거주하는 아이들에게 통학거리가 멀고, 학교가 위치한 주변 교육환경이 나쁜 점을 지적하였다. 둘째, 좋은 학교에 난잡한 아이들이 입학하는 것을 반대하였다. 좋은 아이들이 타락한 아이들 때문에 악영향을 받아서 타락하므로 난잡한 아이들의 문제점을 지적하였다. 셋째, 당시 교장들이 종교교육에 무관심한 점을 지적하였다. 넷째, 아이들이 바른 종교를 선택하는 것이 중요하다고 하였다. 다섯째, 종교교육의 방법과 범위에 대한 결함을 지적하였다. 당시 교육의 문제점들을 토대로 자신의 교육이론을 정립하였다. 웨슬레의 교육의 이상은 종교와 교육이 함께 가는 것이어야 한다고 주장하였다(장종철, 재인용).

이러한 학교교육의 이상을 근거로 헤론허트의 모라비안 고아원 학교, 예나의 교육 모델을 적용하여 가난한 광부들의 자녀들을 위한 킹스우드 학교를 1739년에 설립하였다(Marquardt, 81). 그 당시 중산층이 아닌 아이들은 초등학교 이상을 다닐 수 없었는데 가난한 광부 촌 킹스우드에 학교를 세웠다. 가난한 집 자녀들을 위한 기숙사가 있는 학교로서 교육비를 전혀 부담하지 않게 하였다. "새 집"(New House)이란 이름으로 설립되었는데, 1749년에는 두 개의 탁아소(day school)와, 소녀들을 위한 고아원도 세웠다. 그의 교육 이념은 하나님께 대한 경외, 성결, 지혜였으며, 모든 학생들에게 교칙을 준수할 것과 서로 섬기도록(Service) 가르쳤다.

교육과정은 세속적인 교육과 종교적인 교육을 병행하는 프로그램이었고, 교육대상은 어린이들은 물론 모든 연령의 사람들을 대상으로 하는 평생교육 시스템을 운영하였다(장종철, 1995:36).

웨슬레는 성서, 이성, 경험에 비추어 볼 때 인간의 본성은 부패하고, 악하기 때문에 악한 의지가 선을 실천하도록 하기 위해서는 교육이 필요하다고 하였다. 특히 아이들을 세상사랑에서 하나님 사랑, 이웃사랑으로 바꾸도록 하려면 일반교육만 갖고는 부족하고 그들이 하나님에 의해 각성되는 기독교 교육의 필요성을 절감하였다.

그래서 웨슬레는 일반교육과 신앙교육 특히 주일학교 교육에도 심혈을 기울였다. 웨슬레의 모든 교육적 행위의 인간론적인 출발점은 태어나면서부터 갖고 있는 인간 본성의 타락성이다. 그래서 웨슬레는 회심한 그리스도인들에게도 살아있는 경건을 교육의 전제로 깨우치려 하였다. 하나님의 영광을 위하여 설립된 학교는 동시에 사회의 책임 있는 구성원이 되어야 한다는 것이다.

Ⅵ. 결 론

- 요한 웨슬레(John Wesley)의 사회복지 사상적 특징

사회복지는 인간성 회복운동이라는 개념으로 이해할 수 있다. 이러한 사회복지 개념은 인간의 존엄성, 사회적 책임, 기회균등 그리고 자기 결정권이라는 사회복지 철학에 근거한다고 하는데, 사회복지의 근본 사상들은 기독교적으로 공감대가 클 뿐 아니라 서구 사회의 전통으로 볼 때 기독교에서 유래했다고 말할 수 있다.

종교개혁자 마틴 루터(Martin Luther)는 "우리에게 가장 우선적인 문제 중의 하나는 걸인사회를 없애는 것이라고 주장하면서 교회는 병자나 임산부, 미망인, 고아 등에 지속적인 관심을 가지고 구제사업을 지원해야 하지만 사회복지시설 관리는 국가가 맡아서 해야 한다고 주장하였다.

칼빈(John Calvin)은 빈민구제를 사도적 의무라고 주장하며, 교회는 구제사업을 전도사업의 한 부분으로 시행해야 한다고, 마틴 루터보다 한 걸음 더 발전된 견해를 피력하였다.

그러나 웨슬레(John Wesley)는 보다 적극적으로 복음사역과 빈민구제를 병행하면서 사회복지사업에 많은 관심을 두었다. 그는 런던에서 무료병원 진료소를 개설하고 빈민들에게 소액자본을 대부하기 위한 자금융통을 실시하여 큰 성공을 거두었고, 영국 식민지에서 행해지고 있던 노예제도를 반대하여 노예 폐지를 주장하였다(한국사회복지연구소, 2001:291).

웨슬레는 여성해방, 광부 해방, 산업 노동자 해방, 농부 해방, 노예 해방과 사회적 성화운동을 전개하면서도 그들의 영혼에 목마름을 해결해 주고, 한 맺힌 심리를 치유하고 위로해 주는 운동을 쉬지 않았다. 곧 십자가와 성령의 능력을 통한 내면적 성화를 추구하는 동시에 사회적 구원을 실천하였다. 지금까지 우리는 웨슬레의 부흥운동만을 강조하여 왔고 웨슬레가 영국사회를 영적으로 부흥시킨 부흥사로만 이해하여 왔으나, 웨슬레의 신앙운동은 내면적 영적 성화(personal sanctification)를 통한 부흥운동으로만 끝나지 않고 그것이 18세기 영국사회를 변혁시키는 사회적 성화(social sanctification)운동, 그 중에서도 사회적 성화운동은 사회봉사(social service)차원과 사회적 구조변혁(social transfor mation)의 차원으로 사회복지 운동(social welfare movement)을 발전시켰다.

18세기 영국에서 일어난 메도디스트운동을 한 마디로 표현할 수 있는 가장 적합한 말은 무엇인가? 그것은 웨슬레가 주창한 것처럼 "실제적인 기독교"(practical christianity)운동이다. 실제적인 기독교란 구체적으로 무엇인가? 그것은 교리를 실제생활에서 실천하는 선행이요, 선행은 구원의 외적 증거(outward witness)이다. 이것은 웨슬레의 성화교리이다. 신자의 성화는 성령의 선재 은총과 신자의 사랑의 역사(works of love)에 의해서 이루어진다. 신자는 오직 믿음으로만 구원받지만, 이 믿음은 오직 사랑으로 역사하는 믿음이어야 한다. 이것은 선을 행하는 믿음이다. 그러므로 신자의 선행은 윤리 이상의 것이다. 그것은 곧 신자의 구원 여부와 직결되며, 구원의 증거이며 현실적 요소가 되기 때문이다.

앞에서 고찰한 바와 같이 웨슬레는 단순히 내면적인 영적 성화, 개인적 성화만을 강조한 부흥사가 아니다. 외형적, 사회적 성화운동까지 전개한 사회복지운동가이다. 그의 사회복지 운동은 잔여적 사회봉사만이 아니라 나아가 제도적인 사회변혁까지도 추구하였다. 그러나 그의 사회변혁을 위한 사회성화운동은 철저히 개인구원에 기초한다. 독일의 경건주의(pietism)는 개인의 변혁을 통한 세계변혁을 바라보았으나 개인구원에 더욱 집중함으로써 내세 지향적, 현실 도피적, 이원론적 신앙에 머물러 세계변혁에는 아무런 기여를 하지 못하였다. 그러나 웨슬레의 성화신학은 개인적 성화와 사회적 성화를 함께 중요시 여겼기에 18세기 영국의 영적 부흥운동과 사회변혁까지의 결과를 가져오게 되었다. 그의 성화신학은 복음적 신인협동설, 은총의 낙관주의, 행동주의 신앙으로 설명되어지기에 사회적 책임의식에 따른 성육신적 선행운동인 교회 사회복지운동으로 나타났던 것이다.

1. 요약과 평가

지금까지 요한 웨슬레의 사회복지사상인 그 원리들과 실천적인 활동들을 살펴보았다. 이제 이러한 개체적인 연구 결과들을 기반으로 요약하고 평가를 내려야 한다.

요한 웨슬레는 합리주의, 열광주의, 신비주의를 철저히 배격하고 성서와 전통, 이성과 경험에 따른 사변적이고 실제적인 신학을 전개하였다. 당시에 유행하던 인간의 이성을 기준으로 한 합리주의적 이신론은 심지어 교회까지 침투되어 신학은 계시를 떠나 있었고, 다만 신의 초월성만을 주장하여 우리의 삶에는 아무 상관이 없는 신, 숨어 있는 신으로 전락시켜버렸다. 이러한 상황에서 웨슬레는 하나님의 계시와 내재성을 강조하여 형식만 남아 있는 타락한 기독교에 도전하였다. 올더스케잇에서의 체험을 통하여 정립한 그의 성화신학은 구원론에 있어서 인간의 책임을 두어 그의 신학에 새로운 전기를 가져왔다.

웨슬레의 성화신학의 특징은 회심 후에 오는 소위 제2의 축복이라 불리는 성화의 체험 즉 온전한 구원에 있다. 웨슬레는 지금 여기에서(here and now)의 직접적인 역사를 통해 변화된 그리스도인의 풍성한 삶에 대한 낙관론을 전개하였다.

웨슬레의 성화신학은 이 땅에서 온전한 전인적 구원에 중점을 두고 있다. 구원받은 자의 증거인 사회적 책임을 사회선교 지향적인 사회복지운동으로 나타냈다. 그는 당시 심각한 사회의 병적인 문제해결에 일생을 바쳐 싸워 승리한 은총의 신학자이며 사회복지가이다.

로잔언약에서 복음전도와 사회적 책임의 불가분리성을 고백함으로, 사회적 책임에 등한시해왔던 복음주의 교회에 회개를 촉구하였다(김성철, 2000:21-25). 자아의 혁신과 생의 존재방식의 변혁을 떠나서는 기독교는 그 본질적 의의를 상실하며, 새로운 사회는 변화된 사람들에 의해서만 실현될 수 있기 때문이다.

웨슬레는 회심 체험 후, 교회 존재로서의 본질인 성서적 기독교를 구가하였다. 그리고 본질적인 사명을 실천하기 위하여 영혼의 갈증과 빈곤을 느끼는 영적, 정신적 갈등 자들에게 복음을 전했다. 그들의 삶의 정황에 둘러싸인 심각한 문제들을 함께 아파하며 해결하고자 눈물겨운 노력을 했다. 그의 삶이 곧 성화에로의 과정이었다. 역사 속에서 하나님께서 한 인간에게 주신 소명에 최선을 다한 일생이었다고 보아진다.

웨슬레는 그리스도의 사랑을 담은 복음과 함께 이웃사랑의 표현을 사회적 고통에 책임의식을 갖고 점진적인 성화를 지향한 사회복지운동을 실천한 위대한 사회사업가였다.

웨슬레는 신앙과 삶을 분리하지 않고, 복음과 함께 이웃에 대한 사랑을 실천하여 성화를 정적이면서 동적으로 이해한 역동적인 삶을 살았던 사람이다. 이것이 그의 사회복지신학이다.

웨슬레의 성화신학은 사회복지신학의 기초이며, 사회적 책임의식을 불러일으켰고, 더불어 사는 건강한 사회를 지향한 사회복지운동을 실천하였다. 사회복지를 위한 웨슬레의 사회봉사운동에는 병자방문, 무료진료소운영, 국민건강계몽운동 등의 의료복지와 집 없는 극빈자들을 위한 그룹 홈(group home)인 '나그네 친구회', 노인(모자)복지, 신용조합 등을 운영했다. 종자돈 마련을 위한 기금 모금 및 무이자 대출사업, 가난한 산업노동자들과 그 자녀들을 위한 교육사업인 '킹스우드 학교'를 운영했다. 그리고 더불어 잘사는 사회복지를 위한 사회구조변혁운동으로 노예제도 폐지, 여성해방운동, 교도소 제도 개혁운동, 노동운동 등 영혼구원과 사회성화를 위한 복음전도와 복지서비스(welfare ser- vice)적 실천을 위해 일생을 바쳤다.

웨슬레는 그 시대 최대의 사회복지가이며 사회개혁가였다. 왜냐하면 그의 사회복지적인 신학적 이론과 실천을 밀접한 관계로 결합시키는 데 성공하였기 때문이다. 사회적인 정황(context)으로부터 제기되는 문제들에 대한 그의 신학적인 이론(text)은 매우 독특하였다.

웨슬레는 그의 통찰력과 광범위한 설교여행을 통하여 모든 계층들을 접촉하면서 심각한 사회적인 문제들을 알게 되었다. 웨슬레는 이러한 문제들을 설교나 문서들을 통하여 밝히는 데 만족하지 않고 어디에서나 실천적인 해결을 찾아 시도했다. 그 결과 인도적인 물결이 출렁이며 예상하지 못했던 광범위한 개혁으로 발전하였다.

그러나 웨슬레의 사회복지사상과 삶이 그 시대에만 도움이 되었던 것으로 오해하거나 한 시대의 유물로 기억되어서는 안 된다. 앞에서 고찰한 바와 같이 웨슬레의 사회복지 신학의 원리는 구원의 외향적 증거인 사회적 책임을 고취시키는 기독교의 자산인 것이다.

2. 제 언

오늘의 한국교회는 물량주의, 양적 성장, 외형과시, 배타적인 개 교회 중심주의, 집단이기주의, 목회자의 사리사욕 및 세속화 등에 당면하고 있다. 경쟁이라도 하듯 하늘을 향해 치솟는 무리한 교회건물 신축 등 비본질적인 활동에 쓰여지는 비용에 비하여 사회봉사와 구제사업은 등한시하고 있다. 이것은 교회가 사회적으로 신뢰를 잃게 되는 원인이며 교회의 정체성에 대한 심각한 도전과 위기이다. 또한 제도적 문제와 제반 부패-정치, 경제, 사회, 문화, 종교-등 사회적 아픔을 느끼지 못하고, 복음의 내면 지향적(개인구원)인 자세만 취하고, 외향적인 문제(사회악)들을 향한 전투적인 교회가 되지 못하는 교회는 산업혁명의 후유증으로 고통 하던 18세기의 영국의 교회처럼 역사와는 무관한, 한 시대의 유물로 남게 되지 않을까 염려가 된다.

최근 조사의 자료에 의하면 한국교회의 예산이 주로 예배비(23.2%), 관리비(15.9%), 시설비(14.8%), 교육비(9.1%)에 사용되고 구제비(1.8%), 봉사비(2.0%)등 복지비에는 매우 인색하다는 것이다(김영모, 1997:203-204). 교회헌금의 기본정신에 따라 지역사회를 위한 복지활동에 관심을 가지는 것이 필요하다. 웨슬레가 "그리스도인의 돈은 과부의 남편이요 고아의 아버지"라고 한 말이 오늘의 한국교회에 들려져야 한다.

이제 선교 2세기의 역사를 갖고 있는 한국교회는 paradigm의 변화와 함께 사회적 고통에 참여하는 대안 중의 하나로 사회성화를 극대화하는 교회사회봉사를 구체적으로 실천할 때이다. 마이너스 성장에 대한 각성의 치유책으로 대사회적 신인도와 이미지 개선이 시급하고 지역사회에 대한 봉사활동의 강화가 요청된다. 왜냐하면 사회복지는 신학의 파트너이며, 시대의 요구이기도 하지만 성서의 명령이기 때문에 연구결과에 따라 다음과 같이 제언한다.

첫째, 봉사신학이 있는 사회복지를 지향해야 한다.

웨슬레는 영적 부흥운동만을 위해 일한 것이 아니라 당시의 사회적 고통과 고난받는 사람들을 위한 사회봉사활동, 사회복지 활동을 적극적으로 전개하였다. 그는 신앙의 본질은 내면적이지만 신앙의 증거는 사회적이라고 강조했다. 웨슬레의 사회적 성화는 성육신적 요소로 죄악에서 분리된 성결의 힘을 갖고 세속을 찾아가는 성육신의 참여, 곧 사랑의 구체적 행위를 세상 속에서 실천하여 세상의 빛과 소금이 되는 것이다.

이러한 신학사상을 배경으로 웨슬레는 다양한 사회복지운동을 펼치는 한편 당시 사회의 구조적 변혁과 시민의 의식 개혁에 적극적으로 활동하였다. 이제 한국교회는 시대적 상황과 교회 내외적 요구에 따라 개인과 사회, 역사와 민족의 문제에 함께 고민하고 동참하는 교회로서 사회봉사신학에 의한 사회복지활동에 참여해야 한다. 만일 교회가 사회문제와 사회개혁에 대한 참여와 책임을 느끼지 못한다면 주기도문이 공허하게 된다. 하늘에서 이루어진 것처럼 땅에서 역사와 민족에게 정의와 평화, 그리고 사랑이 성취되게 해야 한다.

둘째, 신앙과 전문지식을 겸비한 인력정책을 수립해야 한다.

사회봉사는 누구나 할 수 있다. 중요한 점은 말씀 중심의 신실한 믿음이 바탕이 되어 사회봉사를 수행해야 바람직하다. 교회가 요청하는 사회복지사는 적어도 사회봉사신학이 있는 사람이어야 한다. 그에 대한 방안으로 기독교계통에 있는 대학 또는 대학원에 신학과에는 사회복지학 개론을, 사회복지학과에는 사회복지신학 과목을 개설하여 수강하도록 하는 것이 전인적 복지를 위해 바람직하다. 그리고 사회봉사를 위해 체계적인 정책을 세워 집행하고 평가하는 일, 이 모든 과정을 통틀어 관리하는 일은 전문적인 영역이다. 일반 사회에서도 사회봉사 조정자(coordinator), 관리자(manager)로서 자격을 구비하기 위해서 2~4년의 전공과정을 거쳐야 하는데 교회에서는 너무 쉽게 생각하는 경향이 있다. 따라서 교회는 신앙과 전문지식을 겸비한 인재를 목회의 파트너로 활동할 수 있도록 정책을 수립해야 한다.

셋째, 사회봉사 재원을 위한 교회의 적극적인 참여가 요청된다.

사회봉사는 인력도 필요하고 전문기술과 프로그램도 긴요하다. 그러나 이 모든 것이 이루어질 수 있도록 뒷받침을 하는 것은 물질적인 재원이다. 물론 사회복지 법인화되어 있거나 사단법인화 되어 있는 사회복지기관과 시설은 어느 정도 정부의 지원을 받지만, 여기에는 정부가 의도하는 목적에 따라야 하는 경직성이 있다. 교회의 방향에 따라 자유롭게 사회봉사를 전개하기 위해서는 자체적인 재원 조달이 필요하다. 따라서 재원 조달에 참여하는 성도들의 믿음에 유익한 행위가 될 수 있다. 중요한 사실은 교회 지도자들의 인식과 실천이다. 이 재원이 클라이언트들을 섬기는 데 쓰여질 수 있도록 헌금의 일부를 사회봉사 비용으로 책정해야 한다. 이는 분명 성서적인 근거를 두고 있음에도 불구하고 개개의 교회는 아직 미온적이며 인색하다.

사회복지는 더불어 사는 행복한 삶이다. 더불어 사는 삶은 나누는 삶을 말한다. 나눔은 마치 나무와 같다. 나무와 나무가 더불어 살면 숲을 이루어 바람을 막아주듯이, 나누어주는 삶은 모두를 상생(相生)하게 하고 행복하게 만든다.

참고문헌

1. Primary Sources

Calvin. John. Institutes of the Christian Religion. Vol. I-IV. Grand
  Rapids, Michigan: WM. B. Eerdmans Publishing Company.
  1983.

Luther. Martin. Luther's Works. St. Louis: Concordia Publishing
  House. 1963.

________. "the freedom of a christian". J. M. Porter. ed. philadel-
  phia: fortress. 1974.

Wesley. John. A Plan Account of Christian Perfection. London:
  The Epworth Press. 1985.

________. Explanatory notes Upon The New Testament. Lon-
  don: Epworth Press. 1976.

________. The Journal of John Wesley. Nehemiah Curnock.-
  ed.Standard Edition. 8vols. London:The Epworth Press.-
  1938.

________. The Letters of John Wesley. John Telford. ed. Stan-
  dard Edition. 8 vols. London: The Epworth Press. 1931.

________. The Nature of Spiritual Growth. Minneapolis: Bethany
  House Publishers. 1877.

________. "Christian Perfection." 1741. The Works of John Wesley
  VI. ed. Thomas Jackson. Peabody. MA: Hendrickson Pub-

lishers. 1986.

________. "On Perfection." 1784. Works. VI.

________. "The Spirit of Bondage and of Adoption." Works. V.

________. "Thoughts on Liberty." 1772. Works. XI.

________. "Righteousness of Faith." 1746. Works. V.

________. "Thoughts on Slavery." 1773. Works. XI.

________. "The Case of Reason Impartially Considered." 1781. Works. VI.

________. "Thoughts on the Present Scarcity of Provisions." 1774. Works. XI.

________. "Salvation by Faith." 1738. Works. V.

________. "The Marks of the New Birth." 1739. Works. V.

________. "The Witness of the Spirit." I (1746). II (1767). Works. V.

________. "Means of Grace." 1746. Works. V.

________. "On the God's Vineyard." 1787. Works. VII.

________. "On Grieving the Holy Spirit." 1732. Works. VII.

________. "Catholic Spirit." 1750. Works. V.

________. "Sermon on the Mount." 1787. Works. V.

________. "Sermon on the Mount." I.II.III. 1748. Works. V.

________. "The Scripture Way of Salvation." 1765. Works. VI.

________. "Danger of Riches." 1781. Works. VII.

________. "Danger of Increasing Riches." 1790. Works. VII.

________. "On Riches." 1788. Works. VII.

________. "The Rich Man and Lazarus." 1788. Works. VII.

________. "Use of Money." 1760. Works. VI.

________. "On Sin in Believers." 1763. Works. V.

________. "The repentance of Believers." 1767. Works. V.

________. "The Law Established Through Faith." I & II. 1750. Works. V.

________. "The Great Privilege of those that are Born of God." 1748. Works. V.

________. "Free Grace." 1739. Works. VII.

________. "On working Out Own Salvation." 1732. Works. VI.

________. "The Minutes of some Late Conversations." 1744. Works.

________. "The Important Question." 1775. Works. VI.

________. "The Lord Our Righteousness." 1765. Works. V.

________. Fourty-Four Sermon. London : Epworth Press. 1980.

________. Journal, Oct.. 15th. 1902.

존 웨슬리. 「표준설교집 上.下」존 웨슬리 총서 I.II. 마경일.송흥국 역. 서울: 한국교육도서출판사. 1976.

________. 「그리스도인의 완전」정행덕 역. 서울: 기감교육국. 1981.

2. Secondary Sources

Alfred H. Body. 「존 웨슬리 & 교육」장종철. 주신자 역. 서울:기감교 육국. 1989.

Althaus Paul. 「말틴 루터의 윤리」이희숙 역. 서울: 컨콜디아사. 1989.

Bready. John. England: Before and After Wesley. London, 1938,

Brown. Earl Kent. Women of Mr. Wesley's Methodism. Lewiston

New York: The Edwin Mellen Press. 1983.

Cameron Richad M. Methodism and Society in Historical Perspective. New york: Abingdon Press. 1961.

Cannon. William R. The Theology of John Wesley. New York: Nashville. Abingdon Oress. 1946.

Cell. Geoge C. The Rediscovery of John Wesley. New York: Henry Holt company. 1955.

Chares W. Carter. A Contemporary Wesleyan Theology vol. Ⅱ. 박은규 외10인 역. 서울:대한기독교서회. 1999.

Cox Leo George. John Wesley's Concept of Perfection. Kansas: Beacon Hill Press. 1964.

Fitehett. W. H. Wesley and His Century. Toronto, 1908,

Gutierrez Gustavo. A Theology of Liberation. New York:Orbis. 1973.

Hardesty. N.A. 「감리교운동과 여성해방」변선환 역. 서울:전망사. 1987.

Howard A. Snyder. The Radical Wesley. 조종남 역. 서울:대한 기독교출 판사. 1986.

Lecky. W.E.H. A History of England in the Eighteen Century. Vol. Ⅱ. New York: 1878.

Lorenz.W. Social Work in a Changing Europe. London: Routledge. 1994.

Manfred Marquardt. Praxis unt Prinzipien der Sozialethik. John Wesleys. 조경철 역. 서울:보문출판사. 1992.

North Eric M. Early Methodist Philanthopy. New York:Columbia University Press. 1914.

Outler. Albert. Evangelism in Wesleyan Spirit. Nashville: Tidings. 1971.

Richard M. Carmeron. Methodism and Society in Historical Perspective. New York: Abingdon Press. 1961.

Robert W. Burtner & Robert E. Chiles. A Compend of Wesley's Theology. 김운기 역. 서울:전망사. 1988.

Robert F. Wearmouth. Methodism and the working-class Movements of England 1800-1850. London: Epworth Press. 1947.

Rupert Davies & Golden Rupp. England in the Eighteenth Century in History of Methodist Church in Great Britain. Vol. 1. London: Epworth Press. 1965.

Sturm Ray A. Socialogical Reflections on John Wesley and Methodism. Indianapolis: Central Publishing Co. 1982.

김영선. 「존 웨슬리와 감리교 신학」. 서울:대한기독교서회. 2002.

김진두. 「웨슬리의 실천신학」. 서울:도서출판 진흥. 2000.

김홍기. 「존 웨슬리의 신학의 재발견」. 서울:대한기독교서회. 1993.

______. 「존 웨슬리의 경제윤리」. 서울:대한기독교서회. 2001.

______. 노로요시오.「존 웨슬리의 생애와 사상」김덕순 역. 서울: 기독교대한감 리회 교육국. 1993.

______. 이종성. 「칼빈」. 서울:대한기독교서회. 1988.

장종철. 「존 웨슬리의 교육신학」. 서울:감리교신학대학출판부. 1995.

조종남. 「웨슬레 신학 연구」부천:서울신학대학출판부. 1977.

______. 「요한웨슬레의 신학」. 서울:대한기독교서회. 1984.

______. 「웨슬레 신학 강의 개요」강의안.

칼 빈. 「기독교강요요약」이형기 역. 서울:크리스천 다이제스트. 1991.

野呂芳男. 「존 웨슬리의 생애와 사상」김덕순 역. 서울: 기독교대
한감리회 교육국. 1993.

3. 국외서적

Johnson. N. The Welfare State in Transition: the Theory and
Practice of Welfare Pluralism. Brighton Sussex: Wheat-
sheaf Books. 1987.
Muelder. Walter. G. Foundation of the Responsibity Society. 장병
일역. 「기독교 사회정책원론」. 서울:대한기독교서회. 1966.
Stark Werner. The Sociology of Religion. Vol Ⅱ. Sectarian Reli-
gion. New York: Fordham University Press. 1967.
Tillich. Paul . Theology of Culture, New York. 1959.
Weber Marx. The Protestant Ethic and the Spirit of Capitalism tr.
by T. Parsons. New York:Charles Scribner's sons. 1958.

4. 국내서적

김기원. 「기독교 사회복지론」. 서울: 대학출판사. 1998.
김만두. 「현대 사회복지 총론」. 서울: 홍익제. 1982.
김영모. 「사회복지학」. 서울:한국복지정책연구소. 1997.
김성철. 「Diakonia」. 서울:평화복지연구소. 2000.
______. 「미래사회와 인간」. 서울:평화사회복지연구소. 2000.
______. 「교회 사회복지 실천론」. 서울:한국강해설교학교출판부.
2003.
박영호. 「기독교 사회복지」. 서울: 기독교문서선교회. 2001.
박종삼. 「교회사회봉사 이해와 실천」. 서울: 인간과 복지. 2000.

______. 「사회복지학 개론」. 서울: 학지사. 2002.

아키이에. H 니노미야. 전광현 역. 「사회복지 신학」 서울:예영커뮤니케이션. 1999.

이삼열 편. 「사회봉사의 신학과 실천」. 서울: 한울. 1992.

이태룡. 노무지. 「지역사회복지론」. 서울: 양서원.2003.

최무열. 「한국교회와 사회복지」. 서울:나눔의 집. 1999.

최성규. 「교회복지 목회론」. 서울:강해설교학교출판부. 2003.

하도례. 「종교와 사회」. 서울:고신출판사. 1977.

한국사회복지연구소. 「기독교와 사회복지」. 서울:홍익제. 2001.

5. 논 문

김성철. "노인복지중심의 복지목회 전망과 과제". 「한국교회의 복지목회 전망과 과제」제3회 사회복지 학술 세미나. 성산효도대학원대학교. 2002.

노세영. "기독교사회복지 이념의 성서적 근거". 「기독교사회복지」제4호. 서울신학대학교 기독교사회복지연구소. 1994.

노치준. "사회복지를 향한 개신교의 사회봉사". 「한국사회발전과 기독교의 역할」숭실대 기독교사회복지연구소 편. 서울: 한울. 2000.

맹용길. "한국교회의 복지목회 전망과 과제". 제3회 사회복지 학술세미나. 성산효도대학원대학교. 2002.

박종삼. "지역사회복지 실천과 교회의 역할". 「우원사상논총」제7집. 강남대학교 우원사상연구소. 1999.

______. "교회 사회복지사업의 분야이해와 전망". 「교회 사회복지사업의 분야이해와 전망」인천: 성산효도대학원대학교.

2001.

박충구. "웨슬리 윤리사상의 특성". 「신학과 세계」제25호. 서울: 감신대 출판부. 1992.

윤철원. "사회복지 사상의 성서적 뿌리 -누가복음서와 사도행전을 중심으로-".「기독교사회복지」제10호. 서울신학대학교 사회복지연구소. 2001.

이원규. "교회 사회봉사에 대한 사회학적 접근".「교회사회봉사총람」대한예수교장로회총회 편. 서울:대한예수교장로회출판사. 1994.

______. "웨슬리 전통과 사회운동". 「신학과 세계」17, 가을, 1988.

이후정. "요한 웨슬레와 새 창조의 델로스(1)".「기독교사상」397호. 1992.

전광현. "지역사회복지중심의 복지목회 전망과 과제". 「한국교회의 복지목회 전망과 과제」. 제3회 사회복지 학술 세미나. 성산효도대학원 대학교. 2002.

정무성 역. "웨슬레와 가난한 자: 웨슬레의 빈민복지관". 「기독교사회복지」제4호. 서울신학대학교 기독교사회복지연구소. 1994.

6. 사 전

「사회복지 대백과사전」. 서울: 나눔의 집. 2001.

제2부

사회변화에 따른 효 윤리의 재고와 노인복지

Ⅰ. 서 론

우리나라의 전통적인 효 윤리는 긍정적인 면도 있지만 가부장적 권위주의라는 부정적인 측면도 나타나고 있다. 즉 부모는 권위적이고 규제적이며 자녀에게는 순종의 미덕이 강조되고 자녀의 수직 상향적 희생의 효 개념이 강한 것이 특징이다.

그러나 이러한 전통적 효 윤리가 산업화와 함께 도시화와 핵가족화를 동반하면서 약화되어 노인의 사회적 역할이 감소되고, 노인 부양의식도 약화되고 있다. 이에 따라 노인문제가 심각한 사회문제로 대두되고 있어 노인복지에 대한 대책수립이 시급하다. 그러나 안타깝게도 아직도 전통적인 효 개념이 강하게 남아 있어 노인복지의 실패원인이 되고 있다. 이러한 점에서 사회변화에 알맞은 효 윤리가 정립되어야 한다.

1. 전통적 효 윤리의 한계성

전통적 효의 실천 내용을 최성재는 다음과 같이 정리하였다. 첫째, 부모의 인격과 뜻을 존경하고 부모의 뜻에 절대 복종해야 한다. 둘째, 부모의 곁에서 항상 부모의 시중을 직접 들어드리고 질병 시 직접 간병(看病)해야 한다. 셋째, 부모를 경제적, 의식주의 전반에 걸쳐 부양(扶養)해야 한다. 넷째, 부모를 심리적 및 정서적으로 안락(安樂)하게 해드려야 한다. 다섯째, 부모의 사후(死後)에도 제례(祭禮)와 상례(喪禮)를 지키고 그 뜻을 받들어야 한다.[1]

이와 같이 효를 실천하는 데 있어서 끝이 없으며 전력을 경주해야 하고 그 결과 죽음에 이른다 해도 효를 다해야 한다는 것이다. 즉 자신의 생명(生命)을 희생하는 한이 있더라도 효(孝)를 의무적으로 수행해야 하는 것이다.

이러한 유형의 효행은 현대의 상황과 가치관(價値觀)에 불가능한 점이 있음을 알 수 있다. 이러한 것은 현대의 상황(狀況)과 여건에 맞도록 한다면, 부모에 대한 공경은 부모 사랑에 대한 보답으로 개인의 발전과 함께 이루어져야 한다. 또한 부모에게 시중드는 것은 현대적 상황에서 가족 외의 타인(他人)에 의해서도 시중이나 간병(看病)의 서비스를 받는 것이 바람직하다 할 수 있다. 별거(別居) 자녀의 경우 지역사회(地域社會)의 친근한 환경이 노인을 보호할 수 있도록 해야 현실적으로 효를 실천하기 위한 조건이 마련된다고 할 수 있다. 경제적(經濟的) 부양 역시 자녀 개인이나 가장(家長)이 경제적 능력이 있는 범위 내에서 효를 실천하는 방향으로 나아가야 할 것이다. 자녀의 경제적 궁핍(窮乏)으로 부모에 대한 부양이 어려울 경우 사회복지제도(社會福祉制度)에 의존하는 경우도 효를 실천하는 것이라는 의식이 있어야 한다.

---

1) 최성재, "경로효친과 노인복지", 「전통윤리의 현대적 조명」(성남: 한국정신문화연구원, 1989), 340.

전통적 효는 절대적인 윤리적, 도덕적 규범으로 받아들여 의무적으로 수행해야 하는 것을 의미하지만 현대적 상황 아래에서의 효 실천을 개인과 가족의 경제적 능력의 한도 내에서 개인과 가족의 발전과 함께 가족의 노인보호(老人保護) 기능을 강화하는 방향으로 나가야 할 것이다.

유교적 효 윤리의 한계는 효를 백행(百行)의 근본으로 보아 모든 윤리의 근간을 효로 보았다. 그러나 사회의 변동은 가치관(價値觀)의 변화를 초래하여 모든 윤리에 있어서 효를 최고의 가치로 보고 있지 않는다는 것이다. 산업사회는 민주화와 더불어 인간이 추구하는 최고의 가치를 인간의 존엄성(尊嚴性)이나 평등주의(平等主義)를 더 추구하게 되었고, 기독교의 효사상은 효를 사랑의 개념 속에 포함시켜 사랑이라는 더 큰 인간애(人間愛)를 가치 있게 본 것이다.

또한 농업사회를 배경으로 한 유교적 효 윤리는 가부장적 권위주의(家父長的 權威主義)를 바탕으로 하기 때문에 자녀의 개성은 무시된 채 가족과 친족을 위하는 삶을 살도록 강제된 면도 있다. 이러한 사상이 나라에 충성하는 것으로 확대되어 충도 효의 개념으로 이해하여 봉건적 질서를 튼튼히 유지하는 데 기여하게 된 것이다. 즉 유교적 효는 봉건적 사회질서를 유지하고 신분적 차별주의(差別主義)를 정당화하였으며 기득권의 체제유지를 위한 논리라는 비판을 받기에 이르렀던 것이다.

유교적 효는 효를 표현하는 예(禮)를 매우 중요시하고 예를 다하는 것이 진심을 다하는 것으로 여겨졌으나 우리나라에 전해

지면서 예가 형식으로 변질된 면이 있다. 그리하여 형식주의(形式主義)를 낳게 되었고 허례허식의 풍조가 만연하는 부정적 측면도 있었던 것이 사실이다.

2. 복합 체계(複合 體系)로서의 새로운 효 윤리

가. 제니트적 부모와 생물학적(生物學的) 자녀 관계

앞에서 언급했듯이 전통적 효 윤리에 나타나는 부모의 개념은 사회학적(社會學的) 부모(pater)의 개념이 강하다. 이러한 부모는 가부장제(家父長制)와 같이 권위적이고 규제적이다. 파트적 부모에 대한 효 윤리는 부모의 권위를 인정하고 그 말에 순종하며 부모에 대한 부양의 의무를 갖도록 유인하거나 강제한다.

따라서 사회변화에 대처하는 새로운 효 윤리 체계에 있어서 부모는 생물학적 부모(genitor)의 개념이 강조되어야 할 것이다. 제니트로서의 부모와 자녀의 관계는 수평적이고 인격적이며 애정과 친애의 성격을 지닌다. 제니트적 부모는 자녀와 동일한 인격체로 규정되며 파트적 부모처럼 계층적이고 위계적인 것이 아니다. 부모와 자녀의 관계에 있어서 규범이나 제도보다는 자유와 평화, 우정이 있는 공동체의 친구관계로 설명된다. 이러한 친애(親愛)는 단순한 우정이라기보다는 상호의존적 성격이 강하다.[2]

---

2) 박철호, 「효 윤리학」(서울: 도서출판 좋은세상, 2000), 69.

여기서 자녀의 부모에 대한 의존은 국가가 강제력을 동원하여 서라도 보호하려는 것에 비해 부모의 자녀에 대한 의존(依存)은 자녀가 원하지 않을 경우 그 의존도가 배제되거나 약화된다. 제니트적 부모에 대한 자녀의 효는 자녀의 일방적 효로서는 그 효력이 약하고 자녀가 부모에 대한 의존이 상응할 때 상승효과(上昇效果)가 있게 되는 것이다. 더욱이 현대사회는 부모의 자녀에 대한 의존성이 물질적, 육체적인 것에서 정신적인 것으로 전환될 필요가 있다.

이는 오늘날 노인복지의 실시로 생활보장과 노후대책이 준비되면서 해결하는 방향으로 나아갈 것이고 앞으로 새로운 효 윤리체계에 있어서 부모와 자녀는 정신적 상호의존(相互依存) 관계의 심화 확대에 관심을 둘 필요가 있는 것이다.

전통적 효 윤리에 있어서 자녀 역시 사회학적 자녀 개념이 강하다. 사회학적 자녀는 문화의 전달자로서 개인을 초월하여 사회적 역할의 중요성을 강조한다. 특히 순종의 미덕이 강조된다. 즉 순종의 사회화를 통해 자녀들이 사회의 구성원으로 사회가 규정한 법과 도덕을 준수하며 체제에 대한 저항을 억제하고자 한다. 이러한 사회학적 자녀는 파트적 부모에 속한 자녀로서 가족체계(家族體系)에서의 자녀는 생물학적(生物學的) 자녀 개념이 강해야 할 것이다. 생물학적 자녀는 부모에게 의존하는 심리가 있다. 자녀의 부모에 대한 의존은 매우 강한 성격을 지니면 거의 무조건적이다. 이러한 어린이 같은 의존은 제니트적인 부모와의 관계에 있어서 생각의 단순함과 양심의 순결함과 행동의 성실함을 수반하여 정당한 권위에 순종하지만 부당한 대우나 불법에 대해 저항하는 사회 변혁적 윤리의식(變革的 倫理意識)을 갖게 된다. 일반적으로 부모와 자녀는 사회학적 개념과 생물학적 개념을 동시에 지니게 되는데 전통적 효 윤리에 있어서 부모는 사회학적 부모와 그에 속한 사회학적 자녀가 강한 반면 새로운 효 윤리에 있어서의 부모와 자녀는 생물학적(生物學的) 개념이 강할 필요가 있음을 알 수 있다. 이상의 파트적 부모-자녀와 제니트적 부모-자녀관계의 효 윤리체계(倫理體系)를 그림으로 나타내면 다음과 같다.

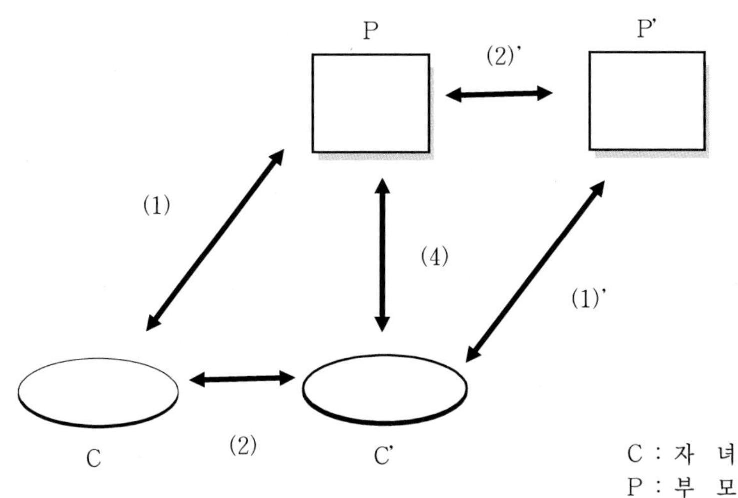

그림 1. 효 윤리체계의 부모-자녀관계 모형

위의 모형은 박철호의 논문 "공동사회의 존속을 위한 효 윤리

교육"에서 제시한 것으로 전통적 효 윤리에서의 부모-자녀 관계와 새로운 효 윤리 체계에서의 부모－자녀 관계를 설명하기에 적합하므로 이를 도입해 보았다.

즉 C는 P의 자녀이면서 P'의 손자(녀) 관계이며 P와 C'는 동일한 인물이다. 여기서 (1)과 (1)'는 C와 P, C'와 P'의 파트적 부모-자녀관계를 나타내는 것으로 수직 상향적이며 불평등하고 권위적 부모와 복종적 자녀관계(子女關係)를 나타내고 있는데 이는 전통적 효 윤리체계에서 강조되는 것이며 (2)와 (2)'는 C의 부모인 P는 P'의 C'로서 C와 동일한 자녀의 위치를 가지며 이런 의미에서 C와 C'는 상호간의 이해와 친애로써 친구와 같은 우정(友情)을 지닐 수 있고 평등한 상호 인격적(人格的) 관계인 제니트적 부모-자녀로서 새로운 효 윤리체계(孝 倫理體系)에서 강조되는 관계이다. 사회의 변동과 함께 이에 적응하는 새로운 효 윤리체계(孝 倫理體系)에서는 (1)과 (1)'에서 (2)와 (2)'로의 변화가 바람직하다는 의견이 압도적이다.

나. 부모자녀 간의 교호적(交互的) 관계

산업화 과정에서 가족 안팎의 환경적 요인으로 인하여 부모자녀의 관계의 변화가 계속되고 있다. 예를 든다면 부모와 자녀의 별거(別居), 개인주의(個人主義) 경향으로 인해 대화를 위한 접촉이 감소하였다는 점과, 거주지의 원격화 등의 문제로 인하여 전통적 방식으로는 부모를 부양하기가 어려워졌다는 점이 그것이다. 그리하여 노부모 부양이 성인자녀(成人子女)의 커다란 부담이 되고 있는 것이 사실이다. 자녀들 간에는 부모 부양을 놓고 갈등과 긴장을 겪는 경우도 있게 된다. 막상 부모를 모시는 자녀는 어려움에 봉착하게 된다.

이처럼 부모 자녀간의 관계에 변화가 일어나고 있는 것은 사실이나 효에 뿌리를 둔 가족체계(家族體系)나 인간관계(人間關係)의 도덕적이고 윤리적 가치와 규범은 크게 달라졌기 때문만은 아니다. 오히려 가족은 이러한 변화에 대처하여 기존의 가치를 보존하면서 적응하려 하는 경향이 나타난다.

이러한 견해는 여러 학자들에 의해 그 근거를 찾을 수 있는데 고영복은 노인들의 인간소외를 극복하는 방향으로 사회적 노력이 배가되어야 하며 전통적 효와 현대적 효가 질적으로 다른 것으로 보아서는 안 되며 다른 것이 있다면 그것은 사회구조의 변화로 인한 효행방법의 차이가 있을 뿐이라 하였다.[3]

박재간의 견해도 비슷한데 효는 노인과 노부모를 지원하는 데 근본적인 역할을 할 수 있는 가치이며 가장 중요한 가치로서 남을 수 있다고 하였다.[4] 김태현 역시 한국인은 여전히 효 이념을 간직하고 이를 실현해 나가고 있는데 다만 사회적 변동으로 인해 전통적 이념을 실현하는 방법을 부득이 달리하고 있다. 우리 생활 속에 뿌리내리고 있는 효 이념을 새로운 사회적(社會的)

---

3) 고영복, "전통사회의 효개념과 현실적 과제", 「현대사회와 노인복지」(서울: 아산사회복지사업단, 1983), 57.
4) 박재간, "전통적 효 사상과 그 현대적 의미", 「전통윤리의 현대적 조명」(성남: 한국정신문화연구원, 1989), 105.

맥락에서 구현하는 현실적(現實的) 방법을 적용할 필요가 있는 것이라고 하였다.5)

이상에서 알 수 있듯이 사회의 변동으로 인해 부모자녀의 윤리적(倫理的) 관계가 전통적 부모자녀관계(父母子女關係)와는 다른 차원에서 이루어져야 함을 인식할 필요가 있다. 새로운 부모자녀의 윤리적 관계는 부모자녀의 일방적이고 군위주의적(權威主義的)인 형태에서 상호 교호적이며 상호 존중하는 관계로 바뀌어야 할 필요가 있다.6) 즉 전통적 가족 중심적 가치로서의 효는 자녀가 부모와 단일(單一)방향적 관계를 가졌다. 보살핌과 서비스가 일방적으로 자녀로부터 부모에게로 가는 경향이 강하다는 의미이다.

이는 전통사회에서 자녀에게 가부장의 권위를 하달(下達)하는 강압적 관계를 상호 존중하는 방향으로 전환할 때 안정된 효 윤리를 실현할 수 있다고 본다. 이런 상황은 효의 기본 내용인 부모에 대한 존경, 애정, 책임성을 전제로 하여 효 내용을 실천하자는 것이다. 즉 부모는 자녀의 욕구와 어려움을 이해(理解)하고 자녀는 부모에 대한 존경과 애정, 책임성을 동반한 부양을 하되 부모의 욕구를 존중하고 해결하려 노력하는 관계가 바람직하다는 생각이다.

이 교호적 부모자녀관계(父母子女關係)야말로 현대사회에서 부모자녀관계를 발전적으로 재정립하는 데 반드시 고려해야 할

---

5) 김태현, 『노년학』(서울: 교문사, 1994), 77-86.
6) 성규탁, 『새 시대의 효』(서울: 연세대학교 출판부, 1995), 38.

조건이라 할 수 있다. 부모와 성인자녀의 관계는 친밀성(親密性)과 감정적 지원이 적극적으로 이루어져야 한다. 그리고 이러한 관계 속에서 의무감과 책임감이 싹트며 부모부양의 행위를 오랜 기간동안 수행해 가는 결과를 이루게 되는 것이다.[7]

의무와 책임을 바탕으로 하는 교호적 관계는 부모부양에 큰 도움을 준다. 노부모는 과거에 자녀에게 커다란 지원을 했지만 나이가 들어 그러한 능력이 없어지고 자녀가 오히려 어려워진 부모를 지원하게 된다. 이렇게 하여 부모자녀 간의 교호적(交互的) 지원관계가 지속될 수 있는 것이다. 비록 노부모가 물질적 지원을 자녀에게 하지 못한다 하여도 정신적 지원인 충고, 위로, 격려를 함은 물론 오랜 인생경험(人生經驗)과 지식을 제공할 수 있어 자녀에게 많은 도움과 의지가 될 수 있다.

또한 부모부양의 관념이나 효에 대한 관념이 시정되어야 한다는 견해를 보면 한남재의 경우 가부장적(家父長的) 가족사회로부터 우애적(友愛的) 가족으로 전환될 필요성(必要性)이 있음을 지적하고 있다.[8] 이러한 견해 역시 부모자녀의 관계가 일방적인 관계가 아닌 서로의 인격과 삶을 존중하고 심리적 상호의존관계(相互依存關係)를 조성해야 함을 의미한다고 할 수 있다. 즉 부모는 자녀에게 힘과 용기를 줄 수 있는 입장이어야 하고 자녀는 부모를 위로하고 봉사하며 편안한 삶을 누릴 수 있도록 노력하는 관계이어야 함을 말한다.

---

7) Ibid., 87-88.
8) 한남재, 「한국도시가족연구」(서울: 일지사, 1984), 178-187.

우리가 흔히 생각할 때 '효(孝)'는 유교적 전유물로만 알고 있는데 기독교 윤리에서도 효를 가르치고 있음을 알 수 있다. 예를 들면 부모를 공경(恭敬)하고(출20:12) 센머리 앞에 일어서고 노인의 얼굴을 공경하며 하나님을 경외하라(레19:32)는 말씀이다. 이러한 기독교의 효 윤리는 '공경'으로 표현되는데 자녀의 일방적 공경이 아니라 상호공경의 윤리를 내포하고 있다.

즉 유교(효경)의 효(孝)는 그 효(孝)의 대상(對象)이 단순한 부모뿐만 아니라 연장자, 임금, 하나님으로 확대되어 아랫사람이 윗사람을 향한 공경(恭敬)의 개념이 강하다. 그러나 성경은 '공경'이라는 말은 그 대상이 부모뿐만 아니라 노인 공경, 하나님 공경(레19:32), 하나님의 사람에 대한 공경, 참 과부에 대한 공경, 모든 사람 공경(엡 5장) 등을 언급하고 있다. 따라서 공경이란 의미는 우리나라의 유교적 문화 풍토처럼 아랫사람이 윗사람을 향한 태도가 하니라 모든 사람을 존중하는 의미로 통한다. 이는 성경의 효 사상(孝 思想)이 권위주의(權威主義)가 아님을 의미한다.

그 단적인 예는 엡5:21로 거슬러 올라가서 피차복종(彼此服從)의 개념에서 찾아 볼 수 있다. 이는 공경의 개념에서 파생되는 개념(槪念)이므로 가정이나 사회에서 인간관계(人間關係)가 일방적 절대적(絶對的)인 명령과 복종의 관계로 묘사하지 않는다.

즉 남편과 아내의 관계는 순종(順從)과 사랑의 관계로 묘사되고 있으며 심지어 노예와 주인의 관계도 인격적 신뢰의 관계를 기초로 한다. 가정 윤리 역시 자녀와 부모와의 관계를 순종과 사랑의 인격적(人格的) 관계로 규정하고 있다.

그러나 모든 관계의 중심은 그리스도인 '주(主)'이다. 따라서 그리스도인은 모든 관계에 있어서 상호 복종(服從)하는 것을 원칙으로 하고 있다. 더 나아가 신자(信者)의 상호공경 사상이 대인 윤리(對人 倫理)의 근간을 이루며 이는 신자 간의 새로운 영적(靈的) 가족으로 형제 개념에 근거한 상호존중 사상은 당시의 가부장제에 기초한 일방적 복종의 윤리 토대를 무너뜨리는 것이다. 이러한 상호 평등한 윤리적 특성을 지닌 기독교의 효 윤리는 전통적 효 윤리의 현대적 조명에 적합한 대안으로 서로 조화를 이룰 필요가 있다고 본다.

다. 가족주의(家族主義)의 변화에 적응

또한 사회변동은 가족주의(家族主義)의 변화를 가져왔는데 가족의 변화에 적응하여 효를 구현하는 방법을 생각할 필요가 있다. 오늘날 가장 어려운 문제 중의 하나가 부모와 자녀가 서로 떨어져 생활하는 사례(事例)가 많은데 이러한 경우 자녀는 전통적인 부모부양의 효를 실천할 수 없는 입장이 된다. 변화하는 가족의 구조와 환경에 적응하는 방식으로 효가 실천되어야 한다. 부모와 자녀가 서로 떨어져 살고 경제적으로 독립해서 사는 것으로 말미암아 양자간(兩者間)의 관계가 어느 정도 약화되는 경우가 있는데 이러한 약화현상에서 오는 문제를 사회복지적(社會福祉的)인 방법으로 해결할 필요가 있는 것이다.[9] 부모자녀 간부양기능을 제대로 하지 못하는 가족을 위한 사회적 지원 등이 발전적으로 다루어 나가야 할 것이다. 가족이 노인들을 지원하는 안전망(network)으로서 오랫동안 유지되기 위해서는 가족들에게 외부의 보완적 서비스가 제공되어야 할 것이다.

노인들이 외부의 사회복지(社會福祉)의 프로그램을 이용하는 정도는 아직 낮은 정도이다. 이는 아직도 노부모와 가족문제를 가족 내에서 해결 못하는 것을 수치스럽게 생각하며 외부에 알리지 않고 숨기면서 가족끼리 해결하기 위하여 고통을 참고 희생을 감수하는 경향이 나타난다.

이러한 문제를 해결하기 위해 가족의 역할을 보완하는 방안을 강구할 필요가 있는 것이다. 노인은 가족과 동거(同居)함으로써 물질적 정서적 지원을 편안히 받을 수 있다. 그러나 핵가족화(核家族化)와 사회구조의 변화로 인하여 가족의 지원이 약화되어 가는 추세가 나타나는데 이웃과 친구, 지역사회나 종교단체와의 교호적(交互的) 관계가 더욱 중시되어야 할 것이다.

사실 핵가족화(核家族化) 현상에 있어서 노인과 떨어져 사는 것은 근본적으로 비가족적이라 할 수 있다. 왜냐하면 별거(別居)는 상호관계 망과 떨어져 살게 되므로 정상적인 가족생활을 하기 어렵기 때문이다. 별거(別居)하면 부모와 자녀 간에 접촉의 기회가 적어지고 친밀감이나 애정을 나누는 시간이 줄어들고 서로 지원하고 보살피는 기회가 줄어들게 되는 것이다.

부모를 모셔야 할 자녀가 떨어져 살게 되면 부모와 가족을 어

---

9) 성규탁, 302-303.

려움에 처하게 된다. 노부모(老父母)를 남겨두고 멀리 떨어져 사는 자녀는 정서적, 사회적 거리를 극복하기가 쉽지 않다. 그렇다고 노력을 하지 않으며 상호관계의 친밀성(親密性)이나 접촉성은 더욱 어렵게 되므로 직접대면(直接對面)하지는 못할지라도 전화를 자주 하고 편지를 하거나 방문의 기회를 자주 갖도록 노력하는 것이 바람직하다.

효를 실천하는 데 있어서 여성의 역할이 매우 컸던 전통사회(傳統社會)에서는 여성의 가족 내의 지위와 권위가 제한되었고 이들이 노부모와 가족을 위해 봉사한 것들이 제대로 평가되지 못한 것이 사실이다. 여성이 부모에게 행한 봉사와 서비스는 당연한 것으로 받아들여졌으나 현대사회(現代社會)는 여성의 지위 상승과 함께 사회적 참여도가 놓아지고 있어 부모 부양의 역할이 다소 약화된 것이 사실이다.

그러나 아직도 여성들은 사회에 참여하면서도 가사일과 노부모 부양의 책임을 맡고 있는 실정이다. 실제로 성규탁의 연구에서10) 한국 효행자(孝行者)들의 부모 부양의 주체는 여성(며느리, 아내, 딸)이 3분의 2를 차지하고 있었음이 밝혀졌는데 아직도 한국 가정에서 여성의 책임과 역할이 무거움을 알 수 있었다. 즉 여성이 부모를 위한 서비스의 원천인 셈이다. 이들은 감정적 재정적(財政的) 지원을 하면서 부모를 가족 밖의 자원과 연결하는 역할을 해 온 것이다.

이는 현대의 가족에 있어서 여성의 사회적 활동을 지원해 주

---

10) Ibid., 41-91.

면서도 여성들이 부모 부양의 의무를 다할 수 있도록 지역사회 (地域社會)의 복지적 활동(福祉的 活動)이 활성화될 필요가 있음을 시사해 준다. 즉 여성들의 권한과 의견을 존중해 주며 여성들의 희생을 줄일 수 있는 방안을 강구해 가야 할 것이다. 그 방안 중의 하나가 지역사회(地域社會)의 도움을 받는 것이라 생각된다.

앞으로의 노인복지는 핵가족화(核家族化) 경향이 심화되면서 여성의 이러한 효행(孝行)의 주도적 역할은 감소할 것으로 전망되나 지역사회(地域社會) 여성을 통한 노인 공경 서비스, 가족 성원 전체의 부모 부양의식(扶養意識), 국가의 정책적 뒷받침이 요구된다고 할 수 있다.

라. 사회변동에의 적응

효도는 농경 사회의 대가족제도하에서 형성된 윤리인 만큼 사회가 변화함에 따라 이에 적응하는 것이 필요하다고 본다. 효의 기본적 내용은 시대가 달라져도 변하지 않겠지만 효를 표현하는 효행에 있어 옛 인습을 고수하는 것은 현실생활과 떨어지는 것이라 할 수 있다. 전통적 효를 그대로 답습하고 수렴하고 순응하는 것보다 새로운 효의 표현방법을 개발할 필요가 있다고 본다.

부모에게 육체적 물질적(物質的) 봉양만을 하는 것을 효로 평가되는 경우도 있지만 오늘날 노인들의 욕구는 증대하고 자녀들의 사회참여(社會參與)는 더욱 높아가 노인들을 돌볼 여유가 점점 감소하는 경향이 나타나고 있다. 이러므로 사회적 지원 망이 더욱 절실히 필요하며 이러한 가족주변의 변화에 창의적으로 적응하면서 부모를 부양할 필요를 느낀다. 빠른 사회변화에 숨 가쁘게 대응해야 할 신세대들은 옛 방식으로 부모를 모시기가 어렵기 때문에 부모 부양에 대한 좌절감(挫折感)과 염증을 느끼는 경우도 있게 된다.

따라서 부모와 자녀의 관계도 생활환경에 알맞게 수정할 필요가 있다고 생각한다. 즉 효의 원리에 따라 개인이 처해 있는 가정과 사회의 여건 속에서 창의적으로 실천되어야 할 것이다. 창의적 부모자녀관계(父母子女關係)를 정립해 가는 데 있어서 몇 가지를 생각해 볼 수 있는데 먼저 부모자녀관계(父母子女關係)를 개발해야 할 필요가 있다.

즉 서로의 인간관계를 유지하는 새로운 방법과 절차를 찾아야 할 것이다.[11] 부모와 자녀가 서로 존중하고 지원하는 관계를 유지하기 위해서 부모는 자녀를 돕는 능력이 있을 때 작은 것부터 도와 일의 보람을 느끼고, 능력의 범위 안에서 취미생활과 직장생활을 하며 개인의 삶의 질을 높이는 데 게을리하지 않도록 노력하는 것도 부모의 몫이라 생각한다. 이럴 경우 자녀도 안심할 수 있고 정신적으로 더 지원할 수 있는 여유가 생길 것이며 부모의 욕구가 무엇인지 빨리 알 수 있고 자녀 역시 사회참여를 더 적극적으로 할 수 있으리라 생각된다.

부모는 병들어 누워 있지 않는 한 사회변화(社會變化)에 적응

---

11) Ibid., 309-310.

하려 노력하는 것이 바람직하다 할 수 있다. 평생교육이나 노인대학 등의 활동을 하여 사회변화에 적응하여 자녀와의 심리적 거리감을 줄일 수 있도록 노력하며 자녀에게 전적으로 의지하는 삶이 아니라 독립(獨立)된 인격(人格)과 개체로서 사회적 역할을 하려 노력하는 것이 가족의 안정이나 자녀의 효를 실천하는 환경을 부드럽게 해주는 작용(作用)을 할 것이라 생각한다.

부모는 융통성과 관용성을 가지고 자녀가 처한 입장을 이해하는 자세가 필요하며 자녀는 성숙한 성인(成人)으로서 자기 실현(自己 實現)을 통해 원만한 부모와의 관계를 맺어 가는 것이 바람직하다고 본다.

전통적 부모자녀관계(父母子女關係)처럼 자녀가 부모를 위해 인생을 희생하고 자신의 삶이 없어지는 한이 있더라도 부모의 삶을 위해 봉사하는 자세만을 효로 본다면 효가 특별한 사정과 인성을 가진 사람만이 하는 것이 되고 만다. 그렇지만 부모의 삶을 지원하면서도 자신의 삶을 살아가는 평범한 일반 사람의 부모자녀(父母子女)의 상호인격존중(相互人格尊重)의 관계가 효로 인식될 때 사회의 변화와 신세대(新世代)에게 설득력이 있다고 본다.

특별히 우리나라의 효행자(孝行者)들은 가난과 역경을 극복하고 병든 부모를 지성으로 모신 분들인데 사회 지도급의 인사들이 일상생활 속에서 부모를 어떻게 잘 모셨는지 그 사례를 들어 보도록 한다. 그래서 효행이 어려운 가운데서만 이루어지는 것이 아니라 평범(平凡)한 생활을 누리는 일반 사람들도 부모의 어려움이 무엇인지, 부모를 기쁘게 해드리는 방법이 무엇인지, 부모의 고통과 소망이 무엇인지 등 부모에 대해 마음 쓰는 법을 배우도록 하는 것도 중요하다고 본다.

마. 효의 사회적(社會的) 확대

전통윤리로서의 효를 살펴보면 부모를 봉양하는 것에서 비롯하여 형제를 공경하고 이웃과 노인을 공대(恭待)하는 확산적 성격으로 규정하고 있다. 즉 경로의 윤리는 효와 제(弟)가 합쳐져서 사회로 확대 적용되는 것이다. 그러므로 가족적 차원의 효는 사회적 차원의 경로로 확대되어야 하는 것이며 효경(孝經)에서 이를 뒷받침하고 있다.

효경(孝經)에 이르기를 효로써 가르치는 것은 천하 사람들의 형 된 자를 공경하는 것이라 하였고 내 집 노인 어른을 공경하여 다른 집 노인 어른에게 미친다고 하였다. 이는 유교의 가부장제도(家父長制度)의 이념에 의거하여 왕이 국가의 부(父)가 되고 백성이 자녀가 되므로 부(父)가 자녀에 대한 책임의식에서 이루어진 것으로 볼 수 있고 나아가 효(孝)가 충(忠)으로 확대 발전된 이념을 낳기 위한 논리(論理)로 전개되었다.

오늘날 이러한 논리의 전통 윤리를 노인복지(老人福祉)의 윤리적 근간으로 하여 적용하면 현대적 효 개념으로 이해하기에 적당하다고 본다. 즉 노인을 공경하는 효의 실천을 사회 구성원이 수행하며 가족 내의 부모부양이 어려울 경우 사회가 부담하는 것도 일종의 사회적 효(社會的 孝)임을 인식할 필요가 있는 것이다.

앞에서 부모를 자녀가 직접 모시는 것이 부모부양의 효로 인식되어 있고 부모 또한 장남에게 의존하여 노후(老後)를 보내는 것이 최고의 행복으로 인식되어 온 전통적 효 윤리가 노인복지(老人福祉)의 저해요인으로 작용하고 있음을 언급한 바 있다. 바꾸어 말하자면 노인을 직접 부양하지 못한다는 것이 불효(不孝)로 생각하므로 시설에 입소한 노인들은 수치심과 소외감을 느끼고 시설에 위탁한 자녀 역시 부끄러움 때문에 자주 찾지 않는 관계의 악순환으로 가정이 해체(解體)되는 현상까지 일어나고 있는 실정이다.

따라서 부모 부양의 효 의식을 새롭게 인식할 필요가 있다. 즉 부모는 자녀에게 특히 장남에게 의존하여 노후를 보낸다는 의식에서 탈피하여 전문적 의료기술과 전문적 노인 지식이 있고 노인 복지 프로그램을 잘 활용하는 노인복지 시설을 이용하여 재사회화가 되어 변화에 적응하는 인간으로 끊임없이 노력해야 한다는 의식을 가질 필요가 있는 것이다.

3. 체계론적 효 윤리에 의한 노인복지

이제 노인부양의 의무를 단지 개인적 효의 영역에 일임한다는 것은 가족 해체문제를 가져옴을 알 수 있다. 그러므로 깊어 가는 노인부양의 문제를 사회적 효로 확대하여 이웃을 공경하고 부양해야 한다는 인식을 가져야 하며 사회적 제도가 뒷받침되어야 할 것이다.

또한 가족주의적 효가 아닌 새로운 효를 바탕으로 복지 정책도 새롭게 수정할 필요가 있다. 즉 서구식 모델의 일방적 적용이 아니라 정신적 지원을 할 수 있는 노인공경의 효 가치를 통해 우리나라 실정에 맞는 새로운 복지이념을 설정할 필요가 있다. 서구식 복지정책은 요람에서 무덤까지라는 개념으로 물질적 풍요함이 최선의 것으로 여기지만 우리나라의 노인복지는 노인들의 정서를 반영한 정책수립이 필요하다고 본다. 여기서 전통적 효는 노인복지에 대한 사회적 책임을 회피하고 가족의 책임으로 돌리는 것이므로 현재 우리나라의 헌법에 복지이념 실현을 통한 민주주의 국민의 당연한 행복추구권을 포기하도록 하는 요인이 된다.

효 개념은 개인의 행위의 기준이 아닌 국가적, 사회적 이념으로 자리매김아 되어야 한다. 즉 노인 문제가 가족문제가 아닌 진정한 사회문제로 여겨져야 하며 노인의 인간적 삶을 보장하기 위해 사회가 부양의 의무라는 책임의식을 가져야 한다. 따라서 개인이 상황에 따라 사적 부양이든 공적 부양이든 합리적 선택을 할 수 있는 분위기 조성과 그러한 합리적 선택이 정당한 윤리의식이며 책임의식임을 인식시키고 이를 고취시킬 수 있도록 사회적 효 의식의 전환이 필요하다. 노인복지 시설의 이용이 책임회피나 무능력의 증거가 아닌 합리적인 선택이며 국가나 사회 역시 선택의 효과를 높이기 위해 시설 개선과 복지정책 수립에 노력해야 한다. 그래서 혐오시설이나 격리차원이 아닌 개방적 시설로 언제든지 찾아가서 즐거운 시간을 보낼 수 있는 편의시설로서 전환될 필요가 있다. 그러기 위해서는 복지시설이 한정된 장소에 위치하는 것이 아니라 가족과 가까운 거리에 있으므로 부분적 독립(獨立) 생활을 이룰 수 있으면서 가족 간의 유대감도 유지할 수 있도록 소규모로 여러 곳에 여러 형태의 기능을 갖추도록 보완할 필요가 있다.

효행에 대한 종래의 평가도 개선(改善)할 필요가 있다. 성규탁의 연구에서 알 수 있듯이 효행에 대한 전통적 평가는 노부모(老父母)에 대한 전인적 희생을 미화하고 노인복지의 책임을 개인에게 돌리고 국가나 사회의 책임을 은폐시키는 요인으로 작용함을 알 수 있다. 따라서 평범한 생활 속에서 부모와 자녀의 인격적 관계를 맺는 것도 효행으로 평가될 수 있는 풍토의 조성도 필요하다.

Ⅱ. 결 론

이상에서 살펴 본 바와 같이 전통적 효 윤리는 가부장적 권위주의로서 부모의 개념은 사회학적 부모(pater)의 개념이 강하여 권위적이고 규제적이다. 반면 genitor적 부모-자녀의 관계에 있어서의 효 윤리는 부모와 자녀가 동일한 인격체로 규정되며 수평적이고 인격적이며 애정과 친애의 성격을 갖게 되어 상호의존관계의 성격이 강하므로 현대사회의 가치관에 부응하는 부모-자녀관계라고 할 수 있다. 따라서 체계론적 효 윤리를 노인복지에 적용하는 문제이다. 즉 노인부양의 문제를 개인적 차원이 아닌 사회 전체의 과제로 끌어내어 사회적 효로 확대, 실천하는 것이 바람직한 것이다.

참고문헌

고영복. "전통사회의 효개념과 현실적 과제". 「현대사회와 노인복
　　지」. 서울: 아산사회복지사업단. 1983.

김태현. 「노년학」 서울: 교문사. 1994.

박재간. "전통적 효 사상과 그 현대적 의미". 「전통윤리의 현대적
　　조명」 성남: 한국정신문화연구원. 1989.

박철호. 「효 윤리학」 서울: 도서출판 좋은세상: 2000.

성규탁. 「새 시대의 효」 서울: 연세대학 출판부. 1995.

최성재. "경로효친과 노인복지". 「전통윤리의 현대적 조명」 성남:
　　한국정신문화연구원. 1989.

한남재. 「한국도시가족연구」 서울: 일지사. 1984.

제3부

사회복지사업과
Spirituality의 상관성

I. 서 론

인간은 다른 피조물과는 달리 영적으로 지음 받은 존재이기 때문에 인간 치유행위에 있어서 영적인 접근을 시도하지 않는 한 결단코 통전적 복지는 기대할 수 없을 것이다. 그럼에도 불구하고 인간을 다루는 학문 즉 의학이나 심리학, 교육학 그리고 사회복지에 이르기까지 진정한 통전적 인간이해를 바탕으로 접근하기 보다는 오히려 전통적인 경험이나 심리학적, 사회학적 이론만으로 인간문제를 해결함으로써 진정한 치유의 자리로 나아가지 못하고 있다는 비판과 각성의 소리가 고조되고 있다. 더욱 안타까운 것은 기독교정신으로 설립되고 운영되어야 할 기독교사회복지 기관까지도 영성과 그리스도의 정신을 상실한 채 표류하고 있는 현실이다. 이러한 문제점을 인식하면서 필자는 기독교적 영성을 사회복지(사업) 현장에 적용함으로써 통전적 접근에 의한 전인적 치유의 자리로 나아갈 것을 천명하는 것이다(최무열, 「한국교회와 사회복지」 나눔의집 출판사). 이유는 spirituality는 개인으로 하여금 신체적, 정신적 차원을 넘어 역경에 반작용하고, 삶의 의미와 가치를 추구하도록 하는 힘으로써 작용하기 때문이다(Frankl, 1975). 그러므로 사회복지적 실천에서 전인적인 관점의 영성에 대한 이해는 중요하다고 할 수 있다. 특히 사회복지사가 자신의 내면을 인식하는 것은 어려움에 직면한 사람들을 도와주는 데 있어서 유용할 수 있다. 왜냐하면 자신의 spirituality를 이해 할 때 클라이언트의 영성도 깊이 존중하고 이해할 수 있기 때문이다(Canda, 1999). 그러나 모든 사람에게 적용되는 우리나라의 사회복지 실천은 spirituality의 중요성이나 이해에 대한 논의가 거의 없었다. 그러나 사회복지에서 영성의 간과는 사회 경제적 측면만을 강조하여 전인적 관점에서 클라이언트를 원조하는 데 한계를 가져올 수 있다(이혜숙, 1996).

Canda(1999)는 영성을 "The Heart of Helping"이라고 시사하면서 다른 사람을 공감하고 돌보는 살아 움직이는 힘으로서의 '동정(compassion)'이라고 하였다. 사회사업(복지)가들은 클라이언트들이 가지고 있는 물질적, 정서적 요구를 도와주기 위해 인간의 몸과 마음의 고통을 치료하는 훈련을 받아 왔다. 그러나 교육과정에서 spirituality에 대한 부분이 제외되거나 미약하여 영적인 위기에 있는 클라이언트를 특히 절대자와의 관계나 초월성의 문제 등에 대해서는 다른 전문가에게 의뢰를 하거나, 적절하게 치료하지 않고, 그들의 전문분야 외의 영역으로 간주하였다(Miller, 2001).

일반적으로 사회복지(사업) 서비스 종사자들은 인간의 영성이 중요하다는 것을 인정하지만, 현장에서 영성을 무시하거나 기피하게 되는 것은 자신들의 영적 자원이나 영적 안녕의 불충분함과 클라이언트들의 영적 요구를 충족시킬 수 있는 훈련의 부족이 더 크기 때문이라고 할 수 있다(최상순, 1991). 그러므로 사회복지(사업)가들이 클라이언트의 영적문제에 관심을 갖고 접근하기 위해서는 자신의 영적 성장이 우선적으로 요구된다.

사회복지(사업)는 인간의 존엄성과 가치를 존중하고 사회정의와 자유 평등 실현이라는 이념하에 인간의 만족스러운 삶을 위한 제도적 뒷받침과 개개인의 인간관계의 향상을 위한 실천 분야이다.

사회복지(사업)는 가치에 의해 동기가 부여되는 전문직이므로 사회사업의 근저를 이루는 가치는 '사회'라는 환경의 변화에 따라 많은 영향을 받게 된다. 지금까지 사회복지의 발전은 많은 연구와 노력에 의해, 정치적, 사회적으로 불평등한 입장에 처한 사람들이 사회적 기능을 제대로 수행할 수 있도록 기여해 왔다. 그러나 이러한 제도적 성과가 모든 문제점을 해결해 주는 것은 아니기에, 사회사업 가치의 정체성을 확립하는 일이 중요하다. 이런 역할을 담당해야 할 사람들이 바로 사회복지(사업)의 일선에서 종사하고 있는 사회복지사이다. 사회복지 분야가 자선의 의미가 아닌 전문영역이라는 의미를 부여하기 위해서는 직업적 소명의식을 확고히 할 필요가 있다. 우선 사회복지사 자신의 spirituality 훈련을 통한 역량강화(empowerment)가 필요하다. 사회복지사 자신의 정체성을 회복하고 클라이언트[12]에게 전인적이며 만족한 서비스를 제공하기 위한 전문 사회사업에 영성적(spirituality) 접근이 필요하다. 이유는 개인적인 환경에서부터 공동선을 위해 결속할 수 있는 근원이 영성적 접근이기 때문이다. 사회복지사 자신의 정체성(identity)을 바로 세우면 사회복지의 가장 핵심적인 가치인 인간 존엄성을 이론적 모토가 아닌 실천적 행위로 옮겨

---

12) 이 말은 요보호자, 의뢰자, 원조신청자 등으로 번역될 수 있으나 일반적으로 클라이언트라고 불리고 있다(김융일, 조흥식, 김연옥, 「사회복지실천론」,(서울:나남출판사, 2000),17.

전문가적 위상을 세울 수 있는 내적인 힘이 생기게 된다. 따라서 복지서비스 혜택자인 클라이언트(대상자)에게도 empowerment가 확립될 것이다.

spirituality라는 용어는 주로 종교적 관계에서 사용되는데, 사회복지계에서는 아직 용어나 개념에 대한 공식적인 논의가 거의 없었다. 다만 미국에서의 사회복지에 spirituality적 개념 출현의 역사적인 배경과 도입된 과정을 살펴보고, empowerment 관점의 실천에 대한 가능성과 결과를 논의해 보고자 한다. 이러한 시도는 사회복지사가 클라이언트를 이해함에 있어서 일방적인 도움을 주는 수직적인 관계가 아니라 수평적인 관계 형성을 도모할 수 있으리라고 생각한다. spirituality는 우선 자신의 가치, 의미의 역량강화를 통하여 클라이언트를 이해할 수 있는 힘을 형성하므로 서비스 전달에 실질적이고 효과적으로 실천하기 위해서 사회복지사업의 spirituality적 접근을 모색하고자 한다.

그간에 기독교사회복지 기관마저도 클라이언트에게 물질적, 자본주의적으로 돕는 역할에 치중하여 왔다. 이제 반성과 회복의 단계를 거쳐 기독교사회복지는 영적(정신)인 것과 물질, 내적, 외적 양면의 자원을 발굴하여 활용하도록 이끌어 주어야 한다. 필자의 의도는 클라이언트의 삶의 질과 행복에 관련하여 복지 이념을 재점검하고 인간본연의 심층복지자원에 대한 이해를 도모하는 것이다. 이것을 중심으로 기독교와 사회사업의 역할에 대해 반성하고, 기독교 사회복지의 정체성을 물으며 그에 따른 새로운 과제를 제시하려는 것이다. 따라서 spirituality를 근원적인 복지

자원의 개념으로 재해석하고 중시하여 기독교사회복지사업의 정체성으로 삼고 전문화되어야 한다고 강조하는 것이다. 본 소고에서는 spirituality의 종교적 의미가 특수하고 독자적인 영성들이 있기 때문에 필자의 위치에 의하여 기독교적 spirituality에 한정시키고자 한다.

Ⅱ. Spirituality의 개념

1. 사회복지(사업) 실천 기초로서의 Spirituality의 의미

Spirituality는 광범위한 개념으로서 존재와 인식을 포괄하는 인
격의 한 부분으로서 그 핵심은 본연의 내면적 요구로서 삶의 의
미와 목표의 추구에 있다. 비록 인간의 현실이 고통과 결핍, 소외
등으로 규정되지만 그 현실에 충실히 대응하여 초월을 가능하게
하는 의미추구를 전개하도록 격려하는 것이 spirituality다(canda,
1988). spirituality란 말은 라틴어 형용사 spirit(u)alis에서 유래했
는데, 이 단어는 이미 1세기부터 그리스도인에 대한 핵심어로 표
시하는 데 사용된 그리스도교적 단어이다. 이것과 일치하는 명사
spiritualitas가 이미 5, 6세기 경에 주로 성직자나 수도사들의 전
유물로 간주되었다. 이 영성의 흐름은 가톨릭교회를 통해 여러
모양으로 지속되어 왔다. 개신교회는 1960년대부터 본격적으로
영성과 영성신학에 관심을 갖는다.

먼저 영(spirit)의 개념은 호흡, 공기, 바람을 의미하는 라틴어
'spiritus'에서 기원한다. 이는 육체에 생명을 주고 활력을 주는
힘, 신체, 정신 및 영적 측면을 통합하는 힘, 절대자와 연결시키
는 요소로서 물질적인 것을 초월한 실재, 참된 목적, 사물의 근
본, 사람의 지, 정, 의의 움직임 또는 움직임의 근원으로 풀이한

다(최상순,1991). 이 외에도 영은 사람 안에 있는 하나님의 형상(Image of God), 초월자와 연결하는 힘, 신체에 생명을 주는 막연한 원리, 생기, 아무도 볼 수 없고 죽지 않는 내부에 있는 참사람 등으로 서술한다(Stoll, 1989). Watson(1988)은 영과 내적 자아를 같은 의미로 보았고, 자아인식의 큰 느낌, 고도의 의식, 내적 힘, 인간의 능력을 팽창시킬 수 있는 일상적 자신을 초월하도록 하는 힘과 같은 것이라고 하였다

spirituality란 종교적인 신념이나 행위를 의미하는 것 이외의 인간의 내적 자원의 총체로서 개인으로 하여금 자신, 타인 및 상위존재와 의미 있는 관계를 맺고 유지하며, 신체, 영혼, 마음을 통합하는 에너지, 존재에 대한 의미와 목적을 주관하는 곳, 당면한 현실을 초월하여 앞으로 나아가게 하는 힘 등으로 언급하고 있다(최상순, 1991).

영적 욕구로는 상위존재와의 역동적이며 개인적인 관계를 설정하고 유지하는 데 필요한 요소가 결핍된 상태이며, 삶의 의미와 목적에 대한 욕구, 희망에 대한 욕구, 믿음과 신뢰에 대한 욕구, 사랑과 관계에 대한 욕구, 용서받고 싶은 욕구 등으로 분류하기도 한다(Stallwood & Stoll, 1979). 이러한 영적 욕구들이 삶에서 채워지지 않을 때 영적 고뇌가 생길 수 있다. 즉 공허감, 절망감, 소외감, 죄책감 및 분노 등이다(Piepgras, 1986).

이렇게 spirituality는 인간의 내적 자원의 총체, 특히 행동을 일으키게 하는 삶의 중심이 되는 철학으로서 신체적, 정신적, 사회적인 영역을 통합하는 힘이며, 삶의 의미와 가치와 목적을 찾게

하고, 인간으로 하여금 현실을 초월하여 절대, 자신, 이웃, 환경과 의미 있는 관계를 가질 수 있도록 연결시키는 능력이다.

결론적으로 spirituality는 삶의 의미를 추구하게 하는 힘으로서 자신의 전인적 존재에 대한 철학이고 신념이며 궁극적인 목적으로 나아가게 하는 에너지라고 할 수 있고, 역경을 넘어 끊임없이 삶의 완성을 향해 나아가도록 하는 힘이라고 정의할 수 있다.

영성의 속성으로는 하나는 '초월'과 또 하나는 '의미를 만드는 것'으로 수직적 영역과 수평적 영역이다. 수직적인 영역은 자신을 능가하는 힘에 대한 초월적 관계이고, 수평적으로는 영적 영역인 삶의 의미와 목적과 관계되는 역동적인 기능이다(최상순, 1991).

수직적 차원은 영성개념의 속성상 상위존재와의 관계를 나타내고 형이상학적 종교적 의미를 내포하며, 수평적 차원은 사회적, 환경적 관계의 실존적 의미를 포함한다. 즉 수직적 차원의 관계는 신과의 관계로서 인간이 질병과 고통, 상실 등과 같은 삶의 위기에 어떻게 대처하고 자신의 삶을 어떤 관점으로 보는지에 영향을 준다. 그리고 수평적 차원은 인간의 삶에 대한 만족감과 삶의 의미와 목적에 관계되는 실존적 의미로서 자신과 이웃, 환경과의 상호작용을 반영한다. 따라서 신에 대한 믿음과 최고의 가치에 관련된 수직적 차원과 자신의 의미, 대인관계, 환경 등과 관련된 수평적 차원으로 인간의 영성을 설명할 수 있다. 인간의 대인관계는 사랑과 용서, 믿음의 표현에 기본을 두고 생의 의미와 목적으로 연결된다.

Haase는 spirituality 관점을 자신보다 더 큰 힘과의 상호 연결된 느낌 혹은 믿음에 기초하여 통합적이고 기초적인 에너지로 작용하는 것이라고 하였다. 영적 관점에서 선행되어야 할 것은 spirituality이고, 반영하는 요소들은 사랑, 이해, 지혜 및 중요한 생활사건이라고 하였다. 그래서 촉진하는 요소인 영적 속성은 관계성(connectedness), 믿음, 창조적 에너지라고 말한다. 그 결과로 삶의 목적과 의미, 행위를 안내할 삶의 철학이나 신념 및 가치관, 현실에서의 자기초월이 있다고 하였다.

오복자와 강경아(2000)는 "영성의 개념분석'에 대한 연구에서 영성의 주요 속성으로 조화로운 관계성, 초월성, 통합적 에너지, 삶의 의미와 목적으로 구분하고 있다.〈표1 참조〉

첫 번째 조화로운 관계성은 개인으로 하여금 의미 있는 관계를 맺고 조화롭게 유지하도록(Burkhardt, 1989) 하는 것을 의미하며, 그 범주에는 자기 자신, 타인/자연 및 상위존재와의 조화로운 관계가 있다.

〈표 1〉Dimension, Antecedents, Attributes & Consequences of spirituality

Dimension	Antecedents (enablers)	Critical Attributes	Consequences
Metaphysical (Vertical)	spirit Introspection/reflection Awareness of upreme Being Interconnection	Harmonious Interconnectedness	Physical Psychosocial/ spiritual well-being
		Transcendence	
Existential (Horizontal)		Integrative Energy	
		Purpose & Meaning n Life	

두 번째 속성인 초월성은 일상적 경험의 한계를 넘어 새로운 관점을 보는 능력으로 그 범주에는 자기 자신, 타인, 상위존재를 포함한다.

세 번째 속성은 통합적 에너지인데 힘과 내적 자원, 두 개 범주로 구성된다. 네 번째 속성은 삶의 의미와 목적으로 나타나는데 영성은 개인의 내적 신념이나 가치관을 주관하며, 삶의 궁극적 목적과 의미를 제공하는 것으로 정의될 수 있다.

2. Spirituality의 기독교적 개념

우리말로 spirituality는 "신령한 품성 또는 성질", 또는 "신령스럽게 총명한 품성 또는 성질, 천부의 총명"이다. 이런 설명이 spirituality를 잘 대변하는지는 여러 사람의 의견을 들어봄으로 해명될 것이다.

spirituality는 하나님의 성령으로부터 일깨워지고 선물로 주어진 삶, 즉 영적 삶으로 설명된다. 다시 말하면 하나님의 실재 안에서의 변화된 삶, 완전한 삶에 관한 것이다(요셉 봐이스마이어, 1996).

또 일부 신학자들은 인간 해방의 역사적 체험을 강조하기도 한다(G.쿠티에레즈, 1987). 그리고 하나님을 섬기는 자세나 그에 따르는 실천을 강조하기도 하며, 그리스도의 신비에 참여하는 것으로 spirituality를 정의하기도 한다(조던 오만, 1986).

spirituality란 신앙인들의 성격, 세대, 개인적인 불확실성, 문화 및 사회적 환경 그리고 개인적인 자유와 다른 이들과의 일치성에 따라 달라지는 것이므로 영성을 한마디로 정의하기는 매우 어려운 현실이지만 각각 신앙인 안에서 밀도 있게 전개되는 무엇, 혹은 그리스도와의 만남으로 설명된다. 다시 말하면 spirituality는 하나님의 사랑을 나누는 그리스도 중심적인 신앙생활이며, 성령 안에서 살아가는 교회 공동체적인 삶이다.

가톨릭의 영성신학자 조르다 오먼(J. Aumann)은 "넓은 의미로 한 사람의 행동이 유래된 태도나 정신의 바탕이 되는 어떤 종교적 또는 윤리적 가치를 의미한다. 이런 영성의 개념은 어떤 특별한 종교에 국한되지 않는다. …… 우리는, 기독교 영성은 물론 선, 불교, 유대교, 이슬람 영성에 대해서도 말할 수 있다"라고 하였다(J. Aumann, Spiritual Theology, 이홍근 역, 1986).

존 맥쿼리(J. Macquarrie)는 "spirituality란 한 인간이 되는(becoming a person)것"이라고 정의한다(John Macquarrie, 1986).

홈즈(Urban T. Holmes)는 spirituality란 인간의 관계성 형성 능력이며, 그 관계의 대상은 감각현상을 초월하는 존재이며, 이 관계는 주체의 노력과는 별개의 것으로, 확장된 또는 고양된 의식으로 주체에 의해 인식되며, 역사적 상황 속에서 본질을 갖고, 세계 속에서 창조적 행위를 통하여 그 자신을 드러낸다고 주장하였다.

이제 기독교 영성의 의미를 생각해보자. 오먼에 의하면 기독교 영성은 신앙의 자비 그리고 기독교 덕목들에 의해 작동(actuated)된 내적인 은혜 생활을 통하여 그리스도의 신비에 참여하는 것이다. 사실 기독교의 spirituality는 그리스도를 떠나서는 결코 성립될 수 없는 단어이다. 오먼은 "참된 영성은 예수그리스도를 중심으로 삼위 하나님께 이르는 영광이다."라고 하였다. 이수영은

"기독교적 spirituality는 하나님의 은혜로 주어졌고, 그리스도 안에서 보존되고 확증되었으며, 복음 안에서 열매 맺는 하나님 나라를 향해 열려진 참 인간적 삶의 능력이다."라고 하였다. 한마디로 기독교의 spirituality는 삼위 하나님의 사랑과 은혜와 역사하심에 따라 그리스도인에게 주어진 것으로, 그리스도인이 하나님과 타인, 자연과 세계, 역사와 문화에 대하여 온전한 관계를 형성할 수 있는 초월, 신비적 능력이라고 정의할 수 있다. 따라서 기독교의 영성은 인간의 영적인 측면만을 관심하지 않고 인간의 온 삶을 관심하며 포용한다. 내적인 삶이나 내적인 인간만이 아니라 영·육을 공히 관심하며, 하나님과 우리의 이웃을 사랑하라는 그리스도의 계명의 실천을 지향한다. 즉 기독교 영성은 인간의 실존의 영·육의 차원과 수직, 수평의 차원을 모두 포괄하기에 영·육 이원론을 극복하고 있다.

3. 사회복지(사업)에 있어서 Spirituality의 중요성

최근까지 한국의 사회복지사업은 물질적 원조에만 치우친 감이 없지 않다. 그러나 작금의 클라이언트의 욕구는 영적 가치를 중요시할 필요성을 증대시키고 있다. 전인적 원조를 통해 삶의 질의 총체적 향상이 요구되는 것이다. 특히 사회복지 실천에 있어서 사회복지사와 클라이언트 상호간에 spirituality를 이해함으로 원조의 효과를 증대시킬 수 있다(이혜숙, 1999).

　우리나라의 1999년도 인구센서스 통계자료에 의하면 전체 인구의 약 52.8%가 특정 종교에 입교한 종교인이다. 특정종교에 가입하지 않은 사람 0.8%를 포함하면 53.6% 즉 과반수가 신앙인이다. 그리고 사회복지사 실태조사(2001년, 한국사회복지사 협회)에 의하면 사회복지사 7,693명 중 5,890명 즉 76.6%의 사회복지사가 종교를 가지고 있다고 응답함으로 일반인들보다 종교인 비율이 높은 것을 알 수 있다.

　미국의 경우 1989년도의 갤럽 조사에 의하면(Gallup & Castelli,1989) 신을 믿는다고 응답한 사람이 인구의 94%이고, 90%는 기도를 하며, 75% 이상은 삶에 있어서 신앙적 체험이 있다고 응답하였다(sheridan & Bullis, 1992). 이상의 통계를 보더라도 대다수의 사람들이 종교를 가지고 그 종교의 spirituality적 삶을 살아가고 있다. 그러므로 사회복지실천에 있어서 사회복지사가 어떤 이론과 기술을 알고 있는 것 못지않게 클라이언트들의 종교적 교의를 숙지하는 영성적 접근의 필요성은 클라이언트의 문제 해결과정에 영향을 미칠 수 있다.

Ⅲ. 사회복지(사업)에 Spirituality의 적용 역사

인간 이해의 변천에 따라 사회복지실천이론이 다르게 전개되어 왔다. 문제를 병리로 보고 원인을 분석하여 치유개입에 임한 진단주의적 접근이 있었고, 점차 일반체계이론의 기초 위에서 환경과 구조변화를 통해 문제해결을 하려는 방향으로 전환되었다. 1990년대에 들어와서는 탈근대주의와 사회구성주의의 영향으로 의미와 가치를 탐색하여 그것들의 변화에 따라 문제를 해결하려는 패러다임이 사회복지실천에 영향을 주고 있다(고미영, 1998).

인간이해의 변천 가운데서 spirituality를 중시한 것은 1990년대에 미국에서 출현하였다. 이들의 연구와 실천에 의하면 spirituality는 인간본성의 핵심이며 또한 인간경험의 한 차원을 의미하는 것으로서 종교(religion)와는 구별된다고 본다. 종교가 영적인 표현과 경험의 수단으로서 일련의 조직적이고 제도화된 신념들과 사회적 기능들을 내포하는 반면 spirituality는 삶의 의미와 목적을 추구하는 인간의 기본적인 성품에 관련된다는 것이다. 따라서 spirituality는 개인적인 것임에 비하여 religion은 사회적인 것으로 여기고, 어떤 이는 spirituality와 religion이 상호불가분 연관되어 있는 것으로 본다(Carroll. M. Marian. 1998).

spirituality가 개인의 내면적 자원임과 동시에 사회적 연대를 가능케 하는 심층의 복지자원으로 개념을 정의하면 사회복지 실천에 종사하는 사회복지사나 자원봉사자 등 전문가의 내면에 본래 있는 spirituality가 개인적 자아와 그 삶의 의미를 이끌고, 아울러 대상자(client)를 돌보고, 공동체와 결연케 하는 원동력이 되어서 결집하면 기독교사회복지 실천의 참여로 이어질 것이다.

최근에 사회사업 전문직에 spirituality에 대한 연구가 늘어나게 된 데는 정신적 영역들(spiritual sensitivities: concern about environment, holistic health 등)에 대한 관심이 늘어난 것도 그 한 요인일 수 있다. 또한 미국이 다집단 사회(multigroup society)로서 1970년대를 전후하여 다양한 문화의 집단들이 증가하면서 인종, 언어, 생활양식, 사회계층, 성별, 종교 등 다양한 집단의 구성원들이 자기 정체감을 각성하고 자신들의 고유한 것을 인정하도록 하는 정치적 사회적 토론을 불러일으켰다(Greene.R.R, 1994).

시대적 흐름에 따라 이 분야와 관련한 연구는 spirituality와 종교의 개념적인 연관성과 차이점을 설명하고 종교와 사회사업의 역사적 관련을 조명하여 그것이 사회사업 현장에 미치는 영향과 연구의 필요성을 강조하는 방향으로 전개되어왔다.

1992년에는 C.S.W.E와 International Association of Schools of Social Work이 "Spirituality and Social Work: Issues for Teaching and Curriculum Development"에 관한 논의에서 교육에 있어서 spirituality에 관한 합의를 도출해 내었다.

첫째, 개인은 bio-psycho-social-spiritual을 포함하여 이해하여야 한다는 것이다. 사람은 개인의 독특함이 중요하나 모든 것의 상호관련성과 기초적인 연대 또한 중요하다. 둘째, 종교와 상관되었거나 말거나 다양한 spirituality는 지지되어야 한다. 종교 간의 갈등을 조정하고 공통의 정신적 토대를 세우며 상호간의 이해를 키우기 위하여 종교계 상호간에 존중하는 대화가 긴요하다는 것이다. 셋째, spirituality는 개인적 성장과 동시에 사회적 변화를 위한 행동으로 연계될 필요가 있다는 것이다(Canda.E.R. 1992)

그러나 사회사업에서 spirituality에 관하여 긍정적으로 검토되고 수용하면서도 반론이 있는 것도 사실이다. 왜냐하면 spirituality의 개념이 본질적으로 방대하여 포착하기 어렵고 그리고 주관적인 체험 안에 있는 것이어서 다루기 어렵다는 것이다. 미국의 사회사업에서 spirituality를 중시하여야 한다는 주장과 비판적으로 바라보는 시각, 양면 양상이 있는 것도 사실이지만 점차 낙관적으로 보는 전망이 확대되고 있다.

Ⅳ. 사회복지(사업)에 Spirituality의 역할

사회사업의 목적을 수행하기 위해서는 넓은 범위에서 사회복지사에게 다양한 서비스를 요구한다. 사회복지사는 클라이언트에게 효과적인 서비스를 제공하기 위해서는 클라이언트를 이해할 준비를 갖추어야 한다. 업무가 발생한 문화와 대상자들의 배경, 서비스의 대안적 방법을 이해해야 한다. 즉 기관의 유형, 대상자들의 능력, 현상적인 문제, 이용 가능한 자원 등 모두 사회복지사에게 요구되는 영역들이다. 그러나 이러한 역할 수행이 펼쳐질 사회사업실천 현장에서는 여러 가지 사회복지제도, 사회 환경적 업무요건으로 인하여 만족스럽게 수행되지 않는 것이 현실이다. 이러한 현실적 차이에서 오는 사회복지사들의 역할 갈등을 직무만족 차원과 이 역할 갈등에서 발생할 수 있는 소진의 원인을 해결 할 사회복지사들의 직업적 확립을 위한 영성적 접근을 모색하고자 한다.

1. 종사자와 클라이언트의 Empowerment

사회사업 종사자가 현장에서 업무수행을 하다 보면, 자신의 업무에 대한 만족과 스트레스 등 여러 가지로 인하여 무기력에 빠질 수 있다. 직무만족에 영향을 주는 요인들은 직무의 기본적 성격과 관련된 측면, 외부적 조건과 관련된 측면 및 인간관계 등 조직과 관련된 측면 세 가지로 나눌 수 있다. 직무와 관련하여 종사자가 소진하는 원인은 첫째, 직무 또는 일 그 자체로서 다의성, 복잡성, 난이도, 새로운 학습의 기회 등 이로부터 개인이 얻을 수 있는 흥미의 정도를 반영하는 것이고 둘째, 성취감으로서 직무의 도전과 관련이 있다. 셋째, 책임성으로서 일을 통해 학습과 성장과 성취를 경험할 때 만족한다. 즉 자아실현(selfactualization)이다. 넷째, 인정(recognition)으로, 자기가 잘한 일에 대한 타인의 칭찬 등을 의미하는 것인데 사회사업가들의 직무만족에는 슈퍼바이저나 기관의 관리자들의 인정이 중요한 변수로 나타났다. 다섯째, 진보(advancement), 또는 승진(promotion)인데, 종사자의 업무를 인정하고 보다 많은 책임감을 부여하는 것을 의미하는 것으로서, 직무만족의 여섯째 요소인 보수(pay)와도 관련이 있다(윤혜미, 1991).

앞에서 살펴본 대로 소진은 직무상의 스트레스가 어느 한계상황까지 진전된 후 건설적인 대처를 하지 못하고 종사자가 부정적인 영향과 고통으로부터 자아를 보호하기 위해 일로부터 정서적으로 멀어지고 냉소주의, 경직성 및 포기 등의 상태에 이르게 되는 신체적, 정서적, 정신적 탈진 상태이다.

사회사업실천에서 종사자와 클라이언트 모두의 역량강화 Empowerment (to be)를 위한 시도로서 즉 사회사업 실천 과정에서 만나는 도전들(challenges)을 해결할 방법인 영성적 접근 방법은 함께 듣고, 느끼고, 나눌 수 있는 공감(compassion)의 자세가 내면화되어야 한다.

사회사업실천의 영성적 관점에서 Empowerment (to be)는 연대성(solidarity) 속에서 종사자와 클라이언트 모두의 강점과 한계를 분명히 파악하고 더 나아가 상호적 유대관계를 지속시키는 데 그 중요성이 있다.

사회사업실천의 Empowerment (to be)의 접근법은 사회사업의 기본적 가치를 전문화하고 어떠한 상황에서도 적응할 수 있는 일반적인 기술을 이끌어 내는 것이다. 사회사업실천에 있어 영성적 관점에서는 역량강화는 이 Empowerment의 과정에서 일어나는 사회복지사의 역동적이고 융통성 있는 의식을 개발시킬 수 있는 것이다.

인간의 본성적 감각이나 습성을 행동으로 표현되도록 하기 위해 하나의 기술훈련으로 터득하는 데는 한계가 있을 것이다. 이러한 부분에 영성적 훈련이 필요하고 이것이 사회사업가 자신의 역량을 강화시켜 주는 것이다.

Empowerment를 의식에서 행동의 단계로 나아가기 위해서는 사회사업실천의 영성적 접근의 방법인 반영성(reflectivity)이 요구된다. 반영성은 역량강화하는 데 중요한 인자이다. 반영적 과정을 포함한 사회사업실천의 영성적 접근의 Empowerment는 개인 또는 사회 환경의 장애물(obstacles) 또는 부정의(injustice)를 규명하고, 이러한 것들을 창조적인 도전과 기회로 인식하여야 한다. 그러나 이러한 사고 전환이 쉬운 것이 아니다. 다만 궁극적 실재인 절대자와의 관계성 안에서 진정으로 인정할 수 있을 때는 가능하다. 이것이 영성적 접근에서의 Empowerment이다(Leroy Spaniol, 2002). 영성은 우리 자신을 편안하게 하고 결정의 길잡이가 되고, 우리의 결점을 용서하고, 삶의 여정을 축복한다. 우리의 가장 깊은 영성적 만남은 우리의 관계와 관계들 안에서 그리고 관계를 통하여 체험된다. 이러한 관계는 우리를 감동 시킬 수 있는 능력을 갖고 있기 때문에 가능해진다. 이렇게 우리 자신의 한계와 두려움을 넘어서는 것이 영성적 접근에서의 역량강화인 것이다.

사회사업실천 이론에서 역량강화의 대상은 클라이언트이다. 그럼에도 사회복지사업가에게 적용하고자 함은 몇 가지 이유에서이다. 먼저 사회사업실천에서 영성의 근본적인 개념을 이해해야 한다. 이유는 인간성숙의 측면에서 그 활용성을 기대할 수 있기 때문이다. spirituality는 기독교의 전통적 의미에서 성령으로 말미암아 우리 자신을 개방하여 하나님과 관계를 맺고, 성령으로 말미암은 변화된 삶이 이웃을 향해 파급되는 것이다.

spirituality를 수직과 수평적 차원으로 나눈 엘리슨(Ellison)은 수직적 차원은 궁극적 실재인 초월자와의 관계이고, 수평적 차원은 자신과 타자 간의 관계의 속성(quality)과 형태, 자신과 타자의 관계에서의 안녕(well-being), 삶의 목적과 만족의 의미를 뜻하는 모델을 발전시켰다. 본질로서의 spirituality는 융(Jung)과 파울러(Fowler)에 의하면 발달과정을 통해 충족되어지는 잠재적인 욕구를 포함한 인간의 영혼(soul) 또는 본질(essence)로 파악된다. 또한 spirituality는 인간의 잠재성을 실현하고 구체화시키는 삶의 과정에 에너지를 제공하며, 이러한 과정은 인격완성이나 초월적 실재에 대한 자각(awareness)을 증가시키는 총체적인 자아, 모든 타자와의 관계의 연결을 축적시킨다(Edward R. Canda & Elizabeth D. Smith, 2001). 이렇게 영성의 흐름을 사회사업 종사자 자신의 것으로 내면화하는 과정을 경험하지 않으면 영성적 접근을 통한 실천방법은 살아있는 개념으로 활용할 수 없다.

또 사회복지사의 영성적 훈련은 전문인으로서의 정체성을 확립하는 데 큰 기여를 할 것이다. 사회복지사의 역할이 클라이언트의 욕구와 자원을 연결시켜주는 매개체로서 인간 상호작용이라는 관계 속에서 이루어져야 하기 때문에 사회사업 종사자는 개인의 특성과 환경에 영향을 받는다. 종사자는 사회사업이라는 교육적 배경을 갖고 열의와 사명감에 차 있으나 과중한 업무부담, 열악한 근무 환경, 업무 수행의 자율성 결여 등으로 인한 사기저하가 지적되고 있다.

아직도 사회복지사의 희생을 요구하는 열악한 사회의 인식 안에서 전문가로서의 정체성을 지켜내는 것 역시 쉽지만은 않다. 이러한 이유에서 영성적 접근은 사회사업 종사자들의 시각을 전환하는 기회가 될 것이며, 사회사업이 일이 아닌 천직(vocation)으로 봉사할 수 있는 기회가 될 것이다.

2. Service의 양질과 직무성과

직무성과는 영어로는 'job performance'라고 한다. performance는 성과 또는 수행이라고 번역되며, 'job performance'는 직무성과,

직무수행, 또는 직무실적이라고 번역한다.

일반적으로 성과란 이루어 내거나 이루어진 결과라고 하고, 수행은 일을 마지막까지 해낸 것을 말한다.

직무성과에 대한 우리나라 학자들의 개념 정의를 보면 이인재는 조직이 목표나 과업을 달성하기 위하여 보여준 노력의 결과로서 직무성과를 말하고, 김태희(1998)는 목적과 관련된 개념으로 서비스의 결과나 영향과 관련된 개념이라고 한다. 그러므로 직무성과란 조직의 역할 수행에 있어서 실무자의 행동을 나타내는 역동적이고 다면적인 개념임을 알 수 있다. 사회사업 종사자들의 직무성과를 중요하게 고려하여야 하는 이유는 직무성과의 향상이 대상자들의 서비스에 대한 책임성 증진과 전문성 향상을 위한 정체성 확립 및 사회복지 기관 운영의 효율성 증진에 큰 기여를 하기 때문이다(이인재, 1993).

사회복지실천에서 사회복지사 직무의 궁극적인 목표는 개인, 집단, 조직 및 지역사회의 기능을 효과적으로 향상, 회복시키는 것이라고 할 수 있다(김경희, 2001).

V. 결 론

　일반적으로 사회복지(사업) 서비스 종사자들은 인간의 영성이 중요하다는 것을 인정하지만, 현장에서 영성을 무시하거나 기피하게 되는 것은 자신들의 영적 자원이나 영적 안녕의 불충분함과 클라이언트들의 영적 요구를 충족시킬 수 있는 훈련의 부족이 더 크기 때문이라고 할 수 있다. 그러므로 사회복지(사업)가들이 클라이언트의 영적문제에 관심을 갖고 접근하기 위해서는 자신의 영적 성장이 우선적으로 요구된다.

　사회복지(사업)는 인간의 존엄성과 가치를 존중하고 사회정의와 자유와 평등의 실현이라는 이념하에 인간의 만족스러운 삶을 위한 제도적 뒷받침과 개개인의 인간관계의 향상을 위한 실천분야이다.

　사회복지(사업)는 가치에 의해 동기가 부여되는 전문직이므로 사회사업의 근저를 이루는 가치는 '사회'라는 환경의 변화에 따라 많은 영향을 받게 된다. 지금까지 사회복지의 발전은 많은 연구와 노력에 의해, 정치적, 사회적으로 불평등한 입장에 처한 사람들이 사회적 기능을 제대로 수행할 수 있도록 기여해 왔다. 그러나 이러한 제도적 성과가 모든 문제점을 해결해 주는 것은 아니기에, 사회사업 가치의 정체성을 확립하는 일이 중요하다. 이런 역할을 담당해야 할 사람들이 바로 사회복지(사업)의 일선에서 종사하고 있는 사회복지사이다. 사회복지 분야가 자선의 의미가 아닌 전문영역이라는 의미를 부여하기 위해서는 직업적 소명의식을 확고히 할 필요가 있다. 우선 사회복지사 자신의 spirituality 훈련을 통한 역량강화(empowerment)가 필요하다. 사회복지사 자신의 정체성을 회복하고 클라이언트에게 전인적이며 만족한 서비스를 제공하기 위한 전문 사회사업에 영성적(spirituality) 접근이 필요하다. 이유는 개인적인 환경에서부터 공동선을 위해 결속할 수 있는 근원이 영성적 접근이기 때문이다. 사회복지사 자신의 정체성(identity)을 바로 세우면 사회복지의 가장 핵심적인 가치인 인간 존엄성을 이론적 모토가 아닌 실천적 행위로 옮겨 전문가적 위상을 세울 수 있는 내적인 힘이 생기게 된다. 따라서 복지서비스 혜택자인 클라이언트(대상자)에게도 empowerment가 확립될 것이다.

spirituality는 우선 자신의 가치, 의미의 역량강화를 통하여 클라이언트를 이해할 수 있는 힘을 형성하므로 서비스 전달에 실질적이고 효과적으로 실천하기 위해서 사회복지사업의 spirituality적 접근을 모색해야 한다.

그간에 기독교사회복지 기관마저도 클라이언트에게 물질적, 자본주의적으로 돕는 역할에 치중하여 왔다. 이제 반성과 회복의 단계를 거쳐 기독교사회복지는 영적(정신)인 것과 물질, 내적, 외적 양면의 자원을 발굴하여 활용하도록 이끌어 주어야 한다.

참고문헌

구스타보 쿠티에레즈(1987). 「해방신학의 영성」이성배 역. 왜관:분도출판사.

고미영(1998). "탈근대주의 시대의 사회사업실천". 한국사회복지학회 추계자료집.

김경희(2001). "사회복지관 사회복지사의 책무성에 영향을 미치는 변인". 서울 여자대학교. 박사학위논문.

김융일. 양옥경(2001). 「사회복지수퍼비젼론」서울:양서원.

류기종(1994). 「기독교 영성」서울:도서출판 열림.

양옥경 외(200). 「사회복지 실천론」나남출판사.

오복자. 강경아(2000). "영성(spirituality) 개념 분석". 대한간호학회지 별책. 제30권. 제5호.

오성춘(1992). 「영성훈련의 실제」서울:성지출판사.

윤혜미. 김근식(1991). "사회복지 전문요원제의 발전 방향에 관한 연구: 문제점과 개선방안". 서울:한국보건사회연구원.

이인재(1993). "사회복지 실무자의 직무성과 결정요인". 서울대학교 대학원 사회복지학과 박사학위논문.

이혜숙(1996) "임상사회복지에서의 spirituality개념화를 위한 연구". 이화여자대학교 사회복지대학원 석사학위논문.

이혜숙(1999). "종교사회복지사업의 전문성과 spirituality". 한국종교사회복지대표자협의회 제2회 심포지움자료.

최상순(1991). "일 지역 성인의 영적안녕, 희망 및 건강상태에 관한 관계 연구". 연세대학교 대학원 박사학위논문.

Anamann. J(1986). Spiritual Theology. 이홍근 역. 「영성신학」

왜관：분도출판사.

Burkhardt(1989). Spirituality： an Analysis of the Concept. holistic nursing practice. 3(3). 69-77.

Canda, Edward R & Smith Elizabeth. D.(eds)(2001). Transpersonal Perspective on Spirituality in Social Work. New York：The Haworth Press/Inc.,

Canda & Furman(1999). Spiritual Diversity in social work Practice： The Heart of Helping. New York： The Free Press.

E.R.Canda(1992). ”International Networking Spirituality and Social Work” Journal 3(2).

Marian. M. Carroil(1998). ”Social Works Conceptualzation of Spirituality in Social of Spirituality” the Haworth Pastrol Press.

Miller, D.W(2001). Chronicle of Higher Education. 5.18.2001. vol.47. Issue36.

Piegras. R(1986). ”The Other Dimenson： Spritual Help. American Journal of Nursing. 68(12). 2610-2613.

R.R. Greene(1994). Human Behavior Theory： A Diversity Framwork. NY：aldine de Grayter.

Spaniol.Leroy(2002). ”Spirituality and Connectedness”. Psychiatric Rehabilitation Journal 25(4).

Stallwood. J(1975). ”Spiritual Dimensen of Nursing Practice”. Jn I. Beland and Passes(eds) clinical nursing(3rd ed). 1086-1096.

Stoll, R.C(1989). ”The Essence of Spirituality”. In carson.

VC(eds). Spiritual demensions of nursing practice. philadelphia：W.B.sounders.

Stoll, R.c(1979). "Guidelines for Spiritual assesment". American Journal of Nursing. 79. 1574-1579.

Watson, J.(1988).Nursing Human Science and Human Care. A Theory of Nursing. New York： englewood cliffs publishors.

· 저자 ·

구금섭   **·약 력·**
(丘金燮)
서울신학대학교 졸업
University of the city of Manila(B.S)
아세아연합신학대학교 대학원 신학 석사(M.A)
호서대학교 대학원 신학과 수학(Th.M)
성산효대학원대학교 사회복지학 석사(M.S.W)
Fuller Theological Seminary (D.Min)
국제신학대학원대학교 사회복지학 박사(Ph.D candi)

큰나무교회 담임목사
경서신학, 고려신학, 경인신학, 기독교대한성결교회 목회신학원(대학원) 출강
그리스도대학교 대학원. 한일장신대학교 사회복지학과 외래교수, 서울신학대
학교 대학원 강사

·주요논저·
「Redemptive Historical Preaching on the Desirable Formation of a
  Theology of Ministry」
「종교개혁원리에 입각한 한국 교회 예배 갱신」
「John Wesley의 사회복지사상에 관한 연구」
「사회변화에 따른 효 윤리의 재고와 노인복지」
「사회복지와 Spirituality의 상관성」
『현대신학적 종말론 이해』
『 낙방만세』
『구속사적 설교 신학』
『로마서를 아십니까?』
『살리는 샘』
외 다수

요한 웨슬레의

교회사회복지 신학

• 초판 인쇄	2007년 2월 28일
• 초판 발행	2007년 2월 28일
• 지 은 이	구금섭
• 펴 낸 이	채종준
• 펴 낸 곳	한국학술정보㈜
	경기도 파주시 교하읍 문발리 526-2
	파주출판문화정보산업단지
	전화 031) 908-3181(대표) · 팩스 031) 908-3189
	홈페이지 http://www.kstudy.com
	e-mail(출판사업부) publish@kstudy.com
• 등 록	제일산-115호(2000. 6. 19)
• 가 격	23,000원

ISBN 978-89-534-6346-2 93230 (Paper Book)
978-89-534-6347-9 98230 (e-Book)